Anna-Elisabeth Mayer
Fliegengewicht

Roman

Schöffling & Co.

Erste Auflage 2010
© Schöffling & Co. Verlagsbuchhandlung GmbH,
Frankfurt am Main 2010
Alle Rechte vorbehalten
Satz: Reinhard Amann, Aichstetten
Druck & Bindung: Pustet, Regensburg
ISBN 978-3-89561-135-3

www.schoeffling.de

Nun lass uns gehen, du und ich,
Wenn der Abend ausgebreitet vor dem Himmel liegt
Wie ein Patient auf dem OP-Tisch in Narkose.

T. S. Eliot

Inhalt

Damenzimmer N° 5
9

Die Wette
57

Flattern
101

Zerflattern
147

Schalen
167

Gut, dass wir uns haben
205

Damenzimmer N° 5

Alle liebten Dr. Winter. Sein Lächeln brachte den Frühling von draußen ins Damenzimmer N° 5. Frau Ott verriet mir, dass sie sich beim Einschlafen vorstellte, mit ihm auf einer Hollywoodschaukel zu schaukeln und Bowle zu trinken. Dr. Winter schaukelte ohne Kleider. Nachdem mich Frau Ott über ihre Gedanken bezüglich Dr. Winter und die Hollywoodschaukel ins Vertrauen gezogen hatte, weihte mich Frau Blaser wenig später ebenfalls ein. Sie sagte: Dr. Winter hätte auch das Zeug zum Minister gehabt. Zum Minister?, fragte ich. Ich stelle mir Dr. Winter als Minister für interne Angelegenheiten vor, meinte Frau Blaser. Interne Angelegenheiten? Genau, antwortete Frau Blaser, der russische Minister ist ja in Russland. Fangen Sie nicht wieder damit an!, rief Frau Ferdinand von gegenüber. Bowle mit Dr. Winter, seufzte Frau Ott – da ging die Tür auf und er kam herein. Dr. Winters Kleider waren weiß wie seine Zähne, die er zeigte, wenn er für uns das Lächeln lächelte. Betrat Dr. Winter in seinen weißen Kleidern den Raum, warf mir Frau Ott einen Blick zu, der sagte: Ein Engel geht durchs Zimmer. Dr. Winter ging an das Bett von Frau Ott. Wie ist das Befinden heute? Frau Ott kniff die Augen zusammen, als ob ein Licht sie blenden würde. Man tut, was man kann, Herr Doktor. Er nickte und strich sich eine Strähne aus der Stirn. Sein Gesicht war ungetrübt, aber in seinen Augen mit der ungewöhnlich hellen Iris hing eine Wolke. Dr. Winter erkundigte sich weiter: Und die Nacht? Haben Sie die Nacht gut verbracht? Hinter mich gebracht, antwortete Frau Ott. Dr. Winter sah sie aufmerksam an. Ich weiß, sagte er, doch Sie wissen auch, eine Besserung tritt nicht von heute auf morgen ein. Ja, stimmte Frau Ott bereitwillig zu. Aber die Medizin schreitet voran, Dr. Winter aufmunternd – und er sah dabei uns alle an. Die Krankheiten auch, krächzte Frau Ferdinand herüber. Ich tue alles, was in meiner Macht steht, sagte Dr. Winter. Dr. Winter hat das Zeug zum Minister, nickte mir Frau Blaser zu. Er kam an mein Bett. Frau Ott drehte den Kopf zu mir: Ein Engel geht durchs Zimmer, sagten ihre Augen abermals. Und wie fühlt sich das Nesthäkchen heute? Gut, antwortete ich und fragte mich, für wie jung mich Dr. Winter halten wollte. Er sah etwas in der Patientenmappe nach. Wird er mich wieder abhören?

Wenn ich das Hemd auszog, dann konnte man sehen, wie Dr. Winter den Blick senkte. Wenn Dr. Winter mich abhörte, sah Frau Ott genau zu. Sie sagte: Dr. Winter soll auch mich so lange abhören. Aber Frau Ott, sagte ich, er hört uns doch alle gleich ab. Nein, sagte Frau Ott, das tut er nicht. Frau Blaser bestätigte das sofort. Einmal rief ich zu Frau Ferdinand hinüber: Frau Ferdinand, das stimmt doch gar nicht? Frau Ferdinand, die sich kaum aufrichten konnte, sagte: Doch, Dr. Winter hört am liebsten Sie ab.

Wenn Sie sich bitte freimachen, sagte Dr. Winter, nachdem er die Patientenmappe geschlossen hatte. Ich zog das Hemd über den Kopf. Er senkte den Blick und hörte mich ab.

Sie können sich wieder anziehen, meinte er und notierte etwas. Während ich mich anzog, blickte ich auf die silbernen Fäden in seinem dunklen Haar. Erst als ich vollständig bekleidet war, hob er den Kopf. In seinen Huskyaugen lag plötzlich die Erschöpfung einer langen Schlittenfahrt. Dr. Winter ging ans Nachbarbett: Und Ihnen, Frau Blaser, wie geht es Ihnen? Frau Blaser sah ihn nur an. Dr. Winter beugte sich zu ihrem Ohr: Haben Sie gut geschlafen, Frau Blaser? Sie lächelte jetzt und nickte. Und unsere Frau Ferdinand?, Dr. Winter drehte sich zum gegenüberliegenden Bett. Herr Doktor, warum soll ich noch aufwachen! Aber Frau Ferdinand, Sie würden uns fehlen, antwortete Dr. Winter. Für einen Augenblick erhellte sich sogar Frau Ferdinands Gesicht. Doch nachdem Dr. Winter gegangen war, erlosch es wieder: Ich will gar nicht mehr leben. Ich schon, sagte Frau Ott, ich denke an das Leben und die Liebe! Frau Ferdinand winkte ab. Dafür ist man nie zu alt, beharrte Frau Ott. Na ja, sagte Frau Blaser. Da richtete sich Frau Ferdinand mühsam auf und rief: Bei mir wird es hoffentlich nicht mehr dazu kommen!

Vor vier Tagen hatte ich meine Tasche gepackt. Ich hatte meinen Pyjama zusammengelegt, das Necessaire genommen und das Handtuch vom Wäscheständer. Ich hatte auf den Zettel gesehen – *Information 1, Patienten und Angehörige*: Kleidung für Untersuchungen außerhalb des Pavillons. Ihr Krankenhausteam, hatte in der Ecke darüber gestanden. Ich hatte nach einer Jacke gegriffen. Dann hatte ich mein Heft vom Schreibtisch genommen, obenauf gelegt und den Reißverschluss der Tasche zugezogen. Die Mappe mit den Befunden für die Operationsfreigabe hatte ich unter den Arm geklemmt. In der Untergrundbahn hatte ich im Fenster das Spiegelbild nicht aus den Augen gelassen. Ich war in die Straßenbahn gewechselt, einige Stationen später ausgestiegen, hatte das Pförtnerhäuschen passiert und war zur Aufnahme gegangen. Nachdem meine Daten aufgenommen worden waren, hatte ich den Park durchquert. Ich war an der geriatrischen Abteilung vorbeigekommen, an der neurologischen und an der Augenabteilung. Pavillon VIII lag gegenüber, neben der Abteilung für Atmungs- und Lungenerkrankungen. Ich hatte Pavillon VIII betreten und auf den Lift gewartet. Die Aufzugstür war aufgegangen: Ein Aluminiumsarg hatte auf einem Rollwagen gestanden. Ich hatte gezögert. Bitte schön!, hatten die Männer gesagt. Die Tür hatte sich hinter mir geschlossen. Ich hatte von den Griffen zu den

Rollen gestarrt, von den Rollen zu den Schließscharnieren, von den Schließscharnieren zu den abgerundeten Kanten. Die Tür hatte sich geöffnet. Auf Wiedersehen!, hatten die Männer gesagt. Ich war zur Anmeldung gegangen. Bei der Anmeldung hatte ich die Befunde für die Operationsfreigabe abgegeben. Sie haben Glück, hatte die Schwester gesagt, Sie sind jetzt nur noch zu viert. Ihr Bett muss aber erst frisch überzogen werden. Und sie hatte hinzugefügt: Doch bis Sie vom EKG zurückkommen, ist sowieso schon der Nachmittag um. Aha, hatte ich gesagt. Ja, hatte die Schwester geantwortet. Es ist Hochbetrieb und wir haben chronischen Personalmangel. Erst gegen Abend hatte ich mein zugewiesenes Bett im dritten Stock bezogen. Das Heft hatte ich als Erstes auf den Nachttisch gelegt.

Wir freuen uns über die Jugend, sagte die Frau links im Bett von mir, unterbrach ihr Kämmen und streckte mir die Hand entgegen: Ott mein Name. Ich sah auf die Altersflecken. Hier sieht man die Jugend nie. Mein Gesicht in ihrem Spiegel. Es ist halt so, sagte Frau Ott – Nehmen Sie doch mein Ananaskompott! –, man wird nicht mehr jung. Man wird operiert, aber nicht mehr jung. Ich sah auf ihr strahlendes Gebiss. Die Frau rechts im Bett von mir schüttelte den Kopf und sagte: So ein Küken – und schon im Altersheim, dachte ich. Und schon auf der Herzstation, sagte sie. Ich wusste nicht, was ich antworten sollte. Ich antwortete: Ich bin schon dreißig. Was? Frau Blaser hört schlecht, flüsterte Frau

Ott. Ich bin schon dreißig!, sagte ich lauter. Was? Frau Blaser hob eine Hand ans Ohr und formte sie zu einem Trichter. Ich schrie: Schon dreißig! Frau Blaser winkte ab: Ein Küken! Frau Ott meinte zu Frau Blaser: Sie brauchen endlich ein anständiges Hörgerät! Und an mich gewandt in normaler Lautstärke: Hören ist so wichtig wie Sehen, hat die Mutti immer gesagt. Mein Mann, begann mir nun die schwerhörige Frau Blaser zu erzählen, der hat das Hörgerät vom russischen Minister getragen. Ach?, rief ich. Wenn mein Mann geschlafen hat – und er hat ja viel, weil er war ja krank –, dann hab auch ich das Hörgerät vom russischen Minister tragen dürfen. Mein Mann hat immer gesagt, ein Hörgerät ist teuer. Sicher!, schrie ich. Der russische Minister war ja bestimmt kein armer Mann. Sicher nicht!, schrie ich. Vor einem Jahr, begann im anderen Bett Frau Ott zu erzählen, bin ich im Pavillon vis-à-vis gelegen. Hinüberwinken könnte ich jetzt. Frau Ott zeigte zu den hell erleuchteten Fenstern gegenüber. Die winken nicht herüber. Die wissen, dass wir bald die Fliege machen. Da winkt man nicht. Winken Sie doch einmal! Ich? Frau Ott sah mich auffordernd an. Ich hob meine Hand und machte eine Bewegung, wie um die Fliege zu verscheuchen. Die winken nicht zurück, habe ich es nicht gesagt!, Frau Ott triumphierend. Die sehen uns doch gar nicht, murmelte ich. Die fürchten sich, meinte Frau Ott und rückte ihr Kissen zurecht. Am grauen Star, daran stirbt man nicht. Oder haben Sie schon einmal gehört, dass jemand am grauen Star? Nein, sagte ich. Ich bin ja auch nicht gestorben. Ja, sagte ich. Mit dem Hörgerät vom russischen Minister – ich drehte meinen Kopf zum anderen Bett – bin ich zum Fleischer. Zum Supermarkt bin ich auch mit dem Hörgerät. Auch zum Supermarkt?, fragte ich laut. Als sie mich aus der Augenstation entlassen haben, sagte Frau Ott von links, da bin ich zu Hause gleich ans Fenster. Mit dem Gucker und dem Autonummernheft. Im Supermarkt, Frau Blaser wieder, gibt es auch Fleisch. Mein Mann wollte aber nur Frischfleisch. Nur Frischfleisch? Alle Autonummern konnte ich wieder lesen, alle!, freute sich Frau Ott. Schön, sagte ich. Und raten Sie, woher das erste Auto gekommen ist, das vorbeigefahren ist? Woher?, fragte ich. Aus meinem Geburtsort! Das gibt es ja nicht, erwiderte ich. Koteletts habe ich immer gekauft. Ich drehte den Kopf. Und Wurstanschnitt. Wurstanschnitt ist billiger. Stellen Sie sich das vor – meinem Geburtsort! Kaum aus dem Pavillon IX entlassen, schon ein Auto aus meinem Geburtsort! Das gibt es ja nicht, wiederholte ich. Frau Blaser zupfte von der anderen Seite an meinem Ärmel: Mit den Semmeln, der Milch, den Koteletts, dem Wurstanschnitt und dem Hörgerät des russischen Ministers bin ich dann zu meinem Mann. Fast gelaufen bin ich, auf dem Weg zurück. Denn wenn mein Mann aufgewacht ist und das Hörgerät nicht da gewesen ist, dann – Nach der Operation am grauen Star, sagte Frau Ott, und weil ich ein Auto aus meinem Geburtsort gesehen habe, bin ich zur Feier des Tages zum Optiker gegangen und habe mir eine neue Sonnenbrille gekauft! Da haben

Sie Recht gehabt, sagte ich schwach. Mit der neuen Sonnenbrille und einem Tuch – Frau Ott tat so, als würde sie sich ein Tuch umbinden und eine Brille aufsetzen: Wie die Sophia Loren. Das glaube ich, murmelte ich. Wenn ich zu spät gewesen bin und mein Mann schon wach gewesen ist, Frau Blaser im anderen Bett, dann hab ich ihm schnell das Hörgerät aus meinem Ohr gegeben und gesagt: Entschuldigung. Entschuldigung, hab ich gesagt und da – Frau Blaser machte eine Handbewegung –, da ist das Hörgerät vom russischen Minister durch den Raum geflogen! Ich hob die Augenbrauen. Mein Mann, der war nicht mehr ganz richtig im Kopf, sagte Frau Blaser.

Die Frau Ferdinand, Frau Ott deutete mit dem Kinn auf das gegenüberliegende Bett, die Frau Ferdinand ist über der Schüssel eingeschlafen. Da war aller Wurstanschnitt umsonst. Alle frischen Semmeln: umsonst. Quer durch den Raum geflogen ist es, das Hörgerät!, rief Frau Blaser quer durch den Raum. Frau Ott drückte auf den roten Knopf. Die Tür ging auf. Eine Stimme wie die Gummisohlen auf dem Linoleum: Bitte? Frau Ott wies auf Frau Ferdinand. Die Schwester ging an das gegenüberliegende Bett und sagte: Nichts gekommen, Frau Ferdinand? Sie zog die Plastikpfanne unter Frau Ferdinands Knochen weg – ich sah auf die alte Scham – und ging hinaus. Wir sind doch unter uns!, rief mir Frau Ott nach. Ich lehnte mich gegen die Toilettentür. *Achtung! Diese Toilette benützen auch Kranke!* stand auf einem Schild.

Und es ist oft durch den Raum geflogen, das Hörgerät. Aber kaputtgegangen: nie, sagte Frau Blaser, als ich zurückkam. War ja schließlich vom russischen Minister. Ein russisches Kennzeichen ist auch einmal dabei gewesen, sagte Frau Ott. Das war ein schmutziges Auto. Gestochen scharf habe ich mit dem Gucker gesehen, wie schmutzig das war! Ein Winderl für die Nacht, meinte die Schwester zu Frau Ferdinand. Blaue Adern unter weißen Windeln. Weiße Windeln in der blauen Nacht. Jetzt bin ich wach, beschwerte sich Frau Ferdinand. Ich gebe Ihnen Passedan zum Einschlafen, sagte die Schwester und zählte Tropfen in ein Glas. Für mich auch ein Partisan!, drängte Frau Blaser. Ich will nichts mehr, der Teufel soll mich endlich holen, sagte Frau Ferdinand. Jetzt haben Sie doch gerade einen Bypass bekommen!, meinte die Schwester und reichte ihr das Glas. Ich brauche keinen Pass, erwiderte Frau Ferdinand, ich will sterben gehen. Sterben kommt von selbst, sagte die Schwester und schraubte das Fläschchen zu. Für mich auch ein Partisan!, bat Frau Blaser noch einmal. Passedan, Frau Blaser, Passedan, sagte die Schwester, verdrehte die Augen und schraubte das Fläschchen wieder auf.

Mein Mann, meinte Frau Blaser, nachdem die Schwester gegangen war, mein Mann war ein guter Mann. Nur schnell bös geworden ist er halt. Ich habe es satt, sagte Frau Ferdinand, und ihre Augen füllten sich, Tränen tropften aufs Bett – das Leben und das Warten. Denken Sie doch an Ihren Sohn, Frau Ferdinand!, meinte Frau Ott. Mein Sohn, sagte Frau Ferdinand und wischte sich über das Gesicht, der frühstückt nur noch eine Banane, seit er verlassen worden ist. Der Arme, meinte Frau Ott, verlassen und hungrig. Die junge Frau, weswegen ihn die alte verlassen hat, die will nicht, dass er so viel isst. Verlassen und hungrig, das wünsche ich keinem, Frau Ott voller Mitleid. Mein Mann, der war kein schlechter Mann, wiederholte Frau Blaser. Bös geworden ist er halt schnell.

Die Gummistrümpfe werde ich nicht mehr anziehen, dann sterbe ich wenigstens an einer Lungenembolie, sagte Frau Ferdinand. Wenn ich meine ausziehe – Frau Ott wandte sich an mich –, dann rieseln die Hautschuppen nur so herunter!, und sie machte sich gleich an den Gummistrümpfen zu schaffen. Schauen Sie! Unglaublich, sagte ich. Ich sah auf die Krampfadern. Aber die Lotionen heutzutage sind ja fantastisch. Ja, fantastisch, murmelte ich. Ziehen ruckzuck ein. Ruckzuck, ich tonlos. Frau Ott, wieder in den Strümpfen, begann sich erneut das schwarz gefärbte Haar zu kämmen. Mein Mann, der war kein schlechter Mann, Frau Blaser von vorn. Über den Spiegelrand machte mir Frau Ott ein Zeichen mit den Augen und flüsterte: Da ist sie wieder eingeschlafen, die Frau Ferdinand. Den Schlaf möchte ich haben! Frau Ferdinands Lider zuckten. Über Nacht ist der nicht mehr bös geworden, mein Mann, sagte Frau Blaser. Über Nacht hat der nicht mehr geredet. Reden ist Silber, Schweigen ist Gold, hat die Mutti auch immer gesagt, und Frau Ott klappte den Taschenspiegel zu. Ich nickte stumm. Und als mein Mann, rief Frau

Blaser, und ihre Augen leuchteten, als der über Nacht nicht mehr aufgewacht ist, da hab ich das Hörgerät vom russischen Minister tragen können – ohne mich beeilen zu müssen! Heute haben wir gar nicht ferngesehen, so was!, sagte Frau Ott. Endlich, rief Frau Blaser mit geröteten Wangen, endlich hab ich das Hörgerät vom russischen Minister nicht mehr zurückgeben müssen! So was, gar nicht ferngesehen haben wir heute. Über Nacht ist mein Mann nicht mehr aufgewacht. Über Nacht hat es mir gehört! Weil wir uns so gut unterhalten haben, meinte Frau Ott. Ja, erwiderte ich. Ja. Aber gehört, sagte Frau Blaser rechts von mir, hab ich noch nie gut mit dem Hörgerät vom russischen Minister. Wir freuen uns sehr über die Jugend, sagte Frau Ott links von mir. Da denkt man sich, man selbst ist wenigstens alt geworden.

Vor dem Einschlafen hatte sich Frau Ott eingecremt und noch einmal einen Blick in den Taschenspiegel geworfen. Wer weiß, wer heute Nacht noch kommt, hatte sie gesagt. Kommt noch jemand?, hatte Frau Blaser gefragt und ihre Lampe kurz angeknipst. Frau Ferdinand hatte vor sich hin gesprochen: Ich brauche niemanden mehr. Nur für zwei Tage, hatte ich gedacht und meine Lampe ausgeschaltet. Im Notlicht sah ich Frau Ott mit Kopfhörern und hörte die Kassette leise surren – Italienisch, hatte sie erklärt. Frau Blaser hatte von der letzten oder nächsten Quizsendung gesprochen. Frau Ferdinand mit sich selbst, ihre Stimme aufgebracht. Nur für zwei Tage. Buona notte.

Am Morgen darauf hatte mich die Schwester mit der Linoleum-Stimme geweckt: Sie müssen das OP-Hemd anziehen, hatte sie gesagt und es auf den Stuhl neben meinem Bett gelegt. Eine andere hatte gesagt: Für die elektrophysiologische Untersuchung müssen Sie auch die Unterhose ausziehen, und hinzugefügt: Wir kommen in zehn Minuten wieder. Zehn Minuten für das Anlegen eines offenen Hemdes und das Hinaussteigen aus einer Unterhose, dachte ich und schlüpfte aus ihr so langsam wie ich nur konnte. Frau Ott, Frau Blaser und Frau Ferdinand sahen mir zu. Erwarten Sie einen Sprintrekord?, dachte ich und starrte zurück. Frau Ott lächelte mich an: Gut geschlafen? Ich habe Sie schnarchen gehört, rief Frau Blaser. Sie mich? Was? Frau Blaser hört doch schlecht, sagte Frau Ott. Fünf Minuten sind schon längst vorbei, dachte ich und sah zur Tür. Er ist auf den Boden gefallen, sagte Frau Ott. Ich sah sie verständnislos an. Wie bitte? Ihr Schlüpfer – und sie wollte schon mit dem Stock meine Unterhose fischen. Frau Blaser schaute gebannt auf den Stock. Ich habe von Dr. Winter geträumt, sagte da Frau Ferdinand, so laut, dass es Frau Blaser auch hören konnte. Frau Ott und Frau Blaser ließen augenblicklich von meiner Unterhose ab. Na also, sagten sie, es interessiert Sie doch nicht nur der Teufel!

Die zwei Schwestern kamen zurück. Die alten Frauen

riefen mir nach: Bis später! Dr. Winter wird Ihnen sicher helfen!

Die Schwestern schoben mein Bett in den Aufzug. Sie sagten: Unser Schneewittchen. Sie lachten. Ich dachte an den Aluminiumsarg. Sie fragten: Haben Sie Angst? und sagten: Das ist normal. Sie schoben mich aus dem Lift, gaben einen Code ein und schoben mich weiter durch eine Doppeltür, die sich automatisch öffnete. Sie grüßten und sagten: Heute ein junges Gesicht. Sie schoben mich in einen Saal und zogen mir das Hemd aus. Sie legten eine Unterlage auf den Metalltisch. Mein nackter Körper wurde hinübergehoben. Sie rasierten mich. An die alte Scham dachte ich. Unter dem linken Schulterblatt brachten sie ein blaues Viereck an. Das ist die neutrale Elektrode, erklärten sie, legten die restlichen Elektroden an und schalteten einen Bildschirm ein: mein Name, mein Alter, meine Größe, mein Gewicht. An die Autonummern dachte ich. Sie rissen verschweißte Packungen auf, rollten eines der Tücher zusammen und klemmten die Rolle zwischen meine Beine. Auf den Leisten verrieben sie gefärbtes Desinfektionsmittel. Sie deckten den restlichen Körper mit den Tüchern ab. Sie sahen auf die Uhr: Mindestens zwei Stunden, sagten sie und schalteten Musik ein. Sie müssen keine Angst haben, hörte ich da eine Männerstimme. Ich drehte den Kopf. Um eine dunkle Pupille die helle Iris. Winter, hatte die Stimme gesagt.

Lächelte er mich an? Ich selbst hatte schon gelächelt.

Sie haben vergessen, etwas zu unterschreiben, sagte er hinter der grünen OP-Maske. Seine Stimme war mir gleich aufgefallen. Er zeigte auf ein bedrucktes Papier in seiner Linken und bat: Die Hand ganz vorsichtig dicht am Körper herausziehen, ganz vorsichtig! Ich zog die Hand, so vorsichtig wie ich nur konnte, heraus und unterschrieb. Auch eine Linkshänderin, sagte er, und er schien sich über diese zufällige Gemeinsamkeit zu freuen. Eine Schwester verstaute die Einwilligungserklärung in einer Mappe. Dicht über meinem Brustkorb wurde eine Röntgenanlage platziert und ich an den Überwachungsmonitor angeschlossen. Ein Defibrillator wurde herangeschoben. An den Satz: Sie haben Glück, Sie sind jetzt nur noch zu viert, dachte ich. Dr. Winter zog eine Bleischürze mit Tarnmuster über den Kopf. An Altersflecken dachte ich. Er schlüpfte in einen grünen Kittel, und ich hörte, wie etwas aufgerissen wurde. Eine Schwester streifte Dr. Winter Latexhandschuhe über. Er sagte: Wir betäuben jetzt die Leisten und legen einen Zugang, nahm die Spritze und stach die Nadel in die Leiste. Er bemerkte – und in seinen Augen sah ich ein Lächeln: Ausgerechnet hier haben Sie ein Muttermal. An meinen Geburtsort dachte ich. Er suchte eine Vene. Er sagte: Ihre Venen sind filigran. An die Krampfadern dachte ich. Jetzt die andere Seite, und er betäubte die zweite Leiste. Wir schieben nun die Katheter vor. Ich drehte den Kopf und sah auf dem Röntgenbild meinen Brustkorb: Vier Drahtwürmer krochen voran. Er sagte: Das Brennen ist normal.

Es dehnt sich. Er zeigte auf das Röntgenbild: Das Herz ist sehr klein. An den Gucker dachte ich.

Weitere Personen mit OP-Masken und Hauben tauchten auf. Sie verfolgten die Katheter. Sie verfolgten die Kurven. Sie verfolgten die Vitalfunktionen. Dr. Winter sagte: Wir lösen jetzt die Rhythmusstörungen aus. Hören Sie mich? An den russischen Minister dachte ich.

Da schreckte es hoch. Hüpfte. Stolperte. Gehetzt mein Name, mein Alter, meine Größe, mein Fliegengewicht. Und ein Extraschlag. Ein zweiter. Auf den dritten wieder schnell und schneller, immer schneller – flog es fast aus der Brust. Sie stoppten. Und lösten die nächste Rhythmusstörung aus.

Nach einer Stunde sagte Dr. Winter: Ein zweiter Leitungsweg im AV-Knoten ruft die Störung hervor. Partisan! Verödung mit hochfrequentem Wechselstrom. Ein Rieseln spürte ich. Das Risiko: Ein Herzschrittmacher. Zum Teufel! Ein Geräusch. Durch den Raum geflogen. Ein Zählen: Zwanzig/sechzig. Nur den Knoten nicht! Zweiundzwanzig/einundsechzig. Vierundzwanzig/zweiundsechzig. Stopp! Sofort stopp!, schrie eine Stimme. Die Drahtwürmer grinsten aus meiner Brust. Noch einmal!, hörte ich. Zwanzig/sechzig. Zweiundzwanzig/einundsechzig. Ans Hinüberwinken dachte ich. Vierundzwanzig/zweiundsechzig. Die winken nicht zurück. Sechsundzwanzig/dreiundsechzig. Dort ist niemand. Achtundzwanzig/vierundsechzig. Dreißig Watt/fünfundsechzig Grad trocknen Tränen nicht.

Sie zogen die Elektroden ab, schalteten den Bildschirm aus und entfernten die Tücher. Schleusen mit Ventilen hingen aus meinem Körper. Sie hoben meinen nackten Körper vom Tisch ins Bett. Roter Fleck auf grünem Grund. Herzblut, dachte ich. Sie dürfen acht Stunden nicht aufstehen, sagten sie. Und trinken Sie viel, wegen des Kontrastmittels! Wir werden unter uns sein. Und essen Sie! Ananaskompott, murmelte ich. Sie zogen die Schleusen aus den Venen und drückten eine Mullbinde dagegen. Sie befahlen dem Blut: Still! Sie zogen mir das Flügelhemd an und legten Sandsäcke auf die Leisten. Nicht, dass Sie uns abheben, sagte Dr. Winter, und jetzt sah ich zum ersten Mal sein ganzes Gesicht.

Da ist ja unser Küken!, freute sich Frau Ott, als ich zurückgeschoben worden war. Alles überstanden, meinte Frau Ferdinand. Jetzt kriegen Sie gleich zu essen, rief Frau Blaser. Ich habe keinen Hunger, murmelte ich. Die Schwester brachte Reis mit Gemüse. Sie dürfen sich nicht aufrichten, sagte sie. Die Sandsäcke dürfen nicht von den Leisten rutschen! Vielleicht kann eine der Damen – sie sah sich um: Ich werde gebraucht – und verschwand. Frau Ott stieg aus ihrem Bett, hangelte sich zu ihrem Besuchersessel, rückte ihn heran und nahm die Gabel. Mund auf! Erbsen rollten von der Gabel auf das Bett. Ich probierte, im Liegen zu schlucken. Ich bin satt, sagte ich nach drei Versuchen. Ist doch schade darum, meinte Frau Ott und führte die Gabel in ihren

Mund. Schmeckt wie vor zwei Stunden, stellte sie fest. Trinken muss das Küken, trinken, rief Frau Ferdinand herüber. Da klopfte es.

Meine Schwester, der Schwager und Tante Gertrud standen in der Tür. Wir haben dir etwas mitgebracht, sagten sie und stellten Gänseblümchen in ein Wasserglas. Wie geht es dir? Geht schon. Alles gut gelaufen? Ja, antwortete ich. Die Eltern haben schon angerufen, sagte meine Schwester. Sie haben mir auch schon auf die Mailbox gesprochen. Tingeln wie immer in der Weltgeschichte herum, Tante Gertrud. Sie sind bei einem Kongress, korrigierte meine Schwester. Sind Sie gar auch eine Forscherin?, fragte Frau Ott, wieder in ihrem Bett, neugierig. Ich schüttelte den Kopf und murmelte: Restauratorin. Na, dann können Sie ja gleich mit uns anfangen, sagte Frau Ott und lachte Tante Gertrud an. Meine Schwester und mein Schwager wussten nicht, ob sie auch lachen durften. Fahrt ihr nicht auch weg?, erkundigte ich mich. Ja, erwiderte meine Schwester, du weißt schon, das Übliche. Ja, sagte mein Schwager glücklich.

Musst du länger hierbleiben?, wollte die Tante nun wissen. Ein paar Tage, antwortete ich vage. Ich bin immer erreichbar, kam es wie aus der Pistole geschossen. Da bin ich aber froh, murmelte ich und dachte: Einen Kongress – warum nicht einen lebenslangen – für die Tante organisieren. Der Onkel Gustl schickt dir übrigens auch die besten Grüße. Danke, sagte ich. Wie geht es ihm denn? Er wird halt alt, seufzte die Tante. Aber er will dich auch besuchen kommen. Nicht, dass sie ihn gleich hierbehalten, meinte Frau Ott. Tante Gertrud wandte sich einen Moment zu Frau Ott, sah sie stumm an und wandte ihr wieder den Rücken zu. Mein Bett kann er haben, kam es von der gegenüberliegenden Seite. Wie bitte?, meine Verwandten drehten den Kopf. Darf ich vorstellen, ich wie auf einer Cocktailparty, das ist Frau Ferdinand! Meine Verwandten nickten: Freut uns. Unter der Erde hat man wenigstens seine Ruhe, sagte Frau Ferdinand. Sie hat gerade einen Bypass bekommen, erklärte ich. Ach so. Sterben darf man ja nicht mehr, Frau Ferdinand darauf. Ja, antworteten meine Verwandten gedehnt und warfen sich gegenseitig einen Blick zu. Aber vorher leben wir noch, rief Frau Ott. Ich lese gerade die Lebensgeschichte von der Sophia. Hochinteressant. Kennen Sie die auch?, Frau Ott nahm ihre Lesebrille ab. Wie bitte? Die Lebensgeschichte von der Sophia Loren, wandte sich Frau Ott an meinen Schwager. Mein Schwager nickte. Meine Schwester sah ihn erstaunt an. Eine Pause entstand. Ich sagte in der Horizontalen: Das ist Frau Ott. Freut uns. Die Sophia, die hat alle Legenden geküsst, Frau Ott verträumt, den Mastroianni, den Grant – sie schien sich in die Rolle zu versetzen. Aber so ein Leinwandkuss, der zählt ja nur halb, und sie lachte meinen Schwager an. Und rechts von mir, sagte ich schnell, Frau Blaser. Freut uns ebenfalls, murmelten meine Verwandten. Frau Blaser hört schlecht, wies ich sie hin. Ich bin immer die Depperte, nur weil ich nichts hör, beklagte sich Frau Blaser in diesem Augenblick. Alle schauten auf ihr Hörgerät. Es ist kaputt, erklärte ich. Es ist vom russischen Minister, fügte Frau Ferdinand hinzu. Aha, sagten meine Verwandten, lächelten gequält und meinten: Wir müssen leider schon los. Ich rufe dich an, versprach meine Schwester. Eine gute Reise, wünschte ich. Danke, antwortete sie, als ginge es um Arbeit. Ich freue mich schon so, sagte der Schwager und umfasste ihre Taille. Tante Gertrud beugte sich über mich und flüsterte: Wir holen dich bald ab, keine Sorge. Schöne Grüße an Onkel Gustav, sagte ich und: Danke für die Blumen! Und ich sah auf die Gänseblümchen im Wasserglas.

Kurz darauf klopfte es wieder. Vielleicht haben sie die Blumen vergessen, dachte ich. Ah, der Herr Abou!, riefen die Frauen aus. Das ist unser Küken! Und zu mir: Das ist Herr Abou aus Afrika! Somalia, präzisierte der Mann. Bevor er noch etwas sagen konnte, waren sie schon am Erzählen: Das Küken hatte schwere Rhythmusstörungen. Woher wissen sie das?, fragte ich mich. Ich komme zurück, sagte er darauf. Warum ist denn der Abou schon wieder weg?, erkundigte sich Frau Blaser. Er kommt gleich zurück, rief ihr Frau Ott zu. Gut, sagte Frau Blaser, gut. Es klopfte auch schon wieder. Nur hereinspaziert, Herr Abou!, rief Frau Ferdinand. Mein Name ist Aboubakar, sagte der Mann, und ein Pistazienhaufen rollte auf meinen Nachttisch. Das Öffnen der Schalen beruhigt, erklärte Frau Ott. Gut für Sie, sagte Herr Aboubakar und gab mir eine Pistazie in die Hand. Zu viel Adrenalin ist schlecht fürs Herz, fuhr Frau Ott fort. Ich öffnete die Schale, schob die Pistazie in meinen Mund und versuchte, mich im Liegen nicht zu verschlucken. Herr Aboubakar lächelte mich an und gab mir die nächste Pistazie. Sie müssen nicht alle essen, sagte Frau Ott. Hauptsache öffnen, nickte Herr Aboubakar und verabschiedete sich wieder. Morgen mehr, sagte er. Danke, murmelte ich.

Der Herr Abou hat ein großes Herz, seufzte Frau Ott, als er die Tür hinter sich geschlossen hatte. Ja, sagte ich und nutzte den ersten Moment ohne Besucher, um auf den roten Knopf zu drücken. Bitte? Die Schwester mit der Linoleum-Stimme. Ich müsste – Ich bringe Ihnen die Bettpfanne, sagte die Schwester. Darf ich nicht aufstehen? Nein. Nur ganz kurz? Die Schwester kam schon mit der Bettpfanne. Frau Ott schlug die hochinteressante Loren-Lebensgeschichte auf. Frau Ferdinand sah an die Decke. Frau Blaser schaute zu mir. Die Schwester hob mein Hinterteil ein wenig an – Sie dürfen sich nicht bewegen! – und schob die Plastikpfanne unter mich. Dann deckte sie mich wieder zu. Drücken Sie den roten Knopf, sagte sie und verschwand. Ich lag mit Hohlkreuz auf der Pfanne. Es war still. Wie wäre es jetzt mit einer Unterhaltung über den russischen Minister?

Mit der Zeit gewöhnt man sich daran, rief Frau Blaser. Ein verkrampftes Lächeln auf meinem Gesicht. Einfach denken, man sitzt ganz normal. Ich nickte. Oder wollen Sie, dass ich – Schnell schüttelte ich den Kopf. Ich kann aber schon, meinte Frau Blaser, bei der Ursl hat's immer geholfen, wenn ich ein Plätschern nachgemacht – Nein, danke, unterbrach ich sie, nein, danke. Nur an Wasser zu denken reicht manchmal freilich auch, erzählte sie, bei mir zumindest. Ich schloss die Augen. Dabei entspannt sich die Muskulatur, hörte ich sie. Der Reini, der konnte unmöglich auf die Toilette gehen, wenn er wusste, dass jemand in der Nähe war. Der Ursl hat das gar nichts ausgemacht, aber beim Reini war das oft ein richtiges Drama. Der Reini also, rief ich hinter geschlossenen Augen. Ja, der Reini, sagte Frau Blaser. Die Beckenmuskulatur verspannte sich immer mehr. Den werden Sie sicher noch kennen lernen, den Reini. Bestimmt, sagte ich. Vielleicht freunden Sie sich ja sogar an, meinte Frau Blaser. Bestimmt nicht, dachte ich, öffnete die Augen und starrte an die Decke. Der Reini hat nicht so viele Freunde. Wirklich? Obwohl er so ein guter Kerl ist, der Reini. Aber halt ein besonderer Kerl. Ein besonderer Kerl, wiederholte ich und versuchte mich auf das Entspannen der Beckenmuskulatur zu konzentrieren. Sind Sie eigentlich schon?, erkundigte sich Frau Blaser. Ob ich schon was?, fragte ich mit der Schüssel unter dem Hohlkreuz. Ob Sie schon vergeben sind, sagte Frau Ott, ohne von ihrer Sophia-Loren-Biographie aufzusehen. Ich schloss wieder die Augen. Hochinteressant. Und?, hörte ich Frau Ferdinand vom gegenüberliegenden Bett. Nein, sagte ich hinter geschlossenen Augen und dachte: Bald bin ich hier raus. Was?, rief Frau Blaser. Sie ist es nicht!, schrie Frau Ott über mein Bett ihr zu. Mein Sohn, der Georg, der kommt bald auf Besuch, sagte Frau Ferdinand. Ihr

Georg, der hat doch die Belinda! Frau Blaser wandte sich zu mir: Aber der Reini, der wär noch zu haben. Schön, sagte ich, schön, und drückte auf den roten Knopf nach der Schwester. Schon fertig? Ich probiere es später noch einmal, sagte ich.

Sie müssen zur Echokardiographie, hatte mich eine Schwester am nächsten Tag viel zu früh aufgeweckt. Sie hatte mir aufgeholfen, und ich hatte einen Moment neben dem Bett stehen bleiben müssen, damit sie sicher sein konnte, dass ich nicht ohnmächtig werden würde. Schließlich hatte sie mir den Weg gezeigt, und ich war Richtung Untersuchungsraum gegangen. Der Warteraum davor war voll gewesen. Alle Köpfe drehten sich zu mir, als ich in die Tür trat. Wie eine Herde, die an den Zaun gelaufen war, musterten sie mich mit großen Augen – ich war das fremde junge Tier hier. Ich blieb stehen, unschlüssig, ob ich das Gatter öffnen und hereinkommen sollte. Ich sagte ein paar Worte, der Tonfall ist wichtig, dachte ich. Sie ließen mich in ihre Mitte. Sie wussten, ich war ungefährlich. Ich fürchtete mich. Als ich vor ihnen aufgerufen wurde, starrten sie mir nach. Eine Frau begrüßte mich mit professioneller Freundlichkeit. Sie sagte ohne jegliche Mimik: Sie müssen das Hemd ausziehen und sich auf die linke Seite hinlegen. Der Schallknopf des Ultraschallgeräts glitt über die Brust, angenehm kühl war das Metall. Das Herz schmatzte, und mich erfüllte ein Gefühl der Sympathie für dieses Organ. Die Frau drehte die Herztöne lauter. Sie können sich wieder aufrichten, sagte sie und reichte mir ein Tuch. Ich wischte das wasserhaltige Gel, über das der Schallknopf des Ultraschallgeräts geglitten war, von der Brust. Dr. Winter wird Ihnen dann Genaueres sagen.

Dr. Winter kam wenig später in das Damenzimmer N° 5. Eine Schwester mit Schmollmund schob neben ihm einen fahrbaren Kasten herein. Sehen wir einmal, was Sie zu bieten haben, sagte Dr. Winter zu mir und lächelte freundlich. Hier die Kurve der Patientin, sagte die Schwester mit dem Schmollmund. Wurstanschnitt, schoss es mir durch den Kopf. Dr. Winter nahm die Patientenmappe, die sie aus dem Kasten gezogen hatte. Dabei berührten sich ihre Arme. Er schlug die Mappe, die an der Seite mit meinem Namen beschriftet war, auf und sagte: Die Echokardiographie zeigt leider einen eindeutigen Perikarderguss. Ich sah ihn fragend an. So was wie ein blauer Fleck am Herz, erläuterte Frau Ott fachmännisch, oder, Herr Doktor? In etwa, antwortete Dr. Winter und lächelte nachsichtig. Aber kein Grund zur Beunruhigung. Bettruhe, Beobachtung und Medikamente. Ich darf nicht nach Hause?, fragte ich. So schlimm ist es bei uns hoffentlich nicht, meinte er. Ich blickte in die Runde. Gar nicht, murmelte ich. Eben, sagte Dr. Winter, und es ist wichtig, dass wir Sie noch hierbehalten. Wenn Sie sich jetzt bitte freimachen würden. Er nahm das Stethoskop und hörte mich gründlich ab. Und mich, Frau Ott in das Abhören, mich wollen Sie auch noch behalten? Ein wenig, ja, antwortete Dr. Winter und hörte mich weiter ab. Dann werde ich wohl mit dem Ausführen meiner neuen Herzklappe warten müssen, meinte Frau Ott. Ich fürchte, das wird so sein, erwiderte Dr. Winter freundlich – Sie können sich wieder anziehen. Und mich, Frau Blaser sogleich, mich wollen Sie etwa schon entlassen? Noch nicht, versicherte Dr. Winter und ging nun an Frau Ferdinands Bett. Der Schmollmund heftete sich an ihn. Erzählen Sie mir ja nichts vom Heimgehen, sagte Frau Ferdinand, das Einzige, wohin ich entlassen werden will, ist auf den Friedhof – und das bald.

Haben Sie gesehen, wie Schwester Beatrice Dr. Winters Arm berührt hat?, Frau Blaser ausnahmsweise einmal im Flüsterton, nachdem Dr. Winter gegangen war. Schwester Beatrice?, hatte ich gefragt. Ja, die Stationsschwester, hatte sie erklärt. Den Arm berührt?, hatte Frau Ott von links gesagt. Ich habe Augen wie ein Luchs, hatte Frau Blaser gerufen. Taub wie ein Maulwurf, aber Augen wie ein Luchs, Frau Ott darauf. Blind wie ein Maulwurf, hatte ich gemurmelt. Wie hat Dr. Winter darauf reagiert?, hatte Frau Ferdinand da wissen wollen – plötzlich nicht mehr nur am Friedhof interessiert. Was? Wie Dr. Winter darauf reagiert hat, dass Schwester Beatrice seinen Arm berührt hat, hatte Frau Ferdinand laut wiederholt. Schöne Bettruhe, hatte ich gedacht. Achtung!, Frau Ott hatte auf die offene Tür gewiesen. Er hat gar nicht darauf reagiert, hatte Frau Blaser sich bemüht, leise zu antworten. Aber das Küken hat er ganz schön lange abgehört, hatte Frau Ott gemeint. Ob die Frau Dr. Winter ihre Patienten auch so lange abhört? Frau Dr. Winter?, fragte ich beiläufig. Ja, die Frau Dr. Winter arbeitet in der urologischen Abteilung, hatte Frau Ott erzählt. Was soll sie denn da abhören?, hatte ich gefragt. Lange genug wären sie ja verheiratet, hatte Frau Ferdinand gemeint. Für die urologische Abteilung?, hatte Frau Blaser gefragt. Frau Ferdinand hatte abgewinkt. Wie lange Dr. Winter wohl verheiratet war? Ich hatte nicht gefragt. Schauen Sie bloß, dass Schwester Beatrice nichts mitkriegt, hatte Frau Ott zu mir gemeint. Das hat diese Hyäne doch schon längst gerochen, hatte Frau Ferdinand gesagt. Wer hat was gerochen?, hatte Frau Blaser wissen wollen. Die Hyäne! Nicht so laut!, hatte Frau Ott gezischt und wieder auf die offene Tür gewiesen. Mit der Hyäne sollten Sie sich nicht anlegen, hatte sie mich flüsternd gewarnt. Ihr Schmollmund lächelt immer, wenn schlechte Nachrichten aus ihm kommen. Frau Blaser, die unmöglich etwas hatte verstehen können, hatte genickt. Und die Brüste und den Schmollmund hat sie gemacht bekommen, hatte Frau Ferdinand verraten. In spätestens zwanzig Jahren hat sie Hängelefzen, hatte Frau Ott mit Genugtuung gesagt, da wird keine Schönheitsoperation mehr helfen können. Schwester Beatrice will Dr. Winter aber jetzt verführen, hatte Frau Ferdinand festgestellt. Volle Lippen voller Sehnsucht, hatte Frau Ott gespottet. Deswegen müssen Sie vorsichtig sein, hatte sie mir geraten. Ja, vorsichtig, hatte Frau Ferdinand bekräftigt. Wir sind hier in einem Krankenhaus, hatte ich sie erinnert. Eben, hatte Frau Ott erwidert. Ich bin doch schon so gut wie weg, hatte ich gerufen. So gut wie weg sind wir hier alle, hatte Frau Blaser darauf gesagt. Ich finde es schön hier, hatte Frau Ott gemeint. O Gott, Frau Ferdinand darauf. Jetzt, fast eine Woche später, dachte ich mir das auch.

Der Perikarderguss geht nur langsam zurück, meinte Dr. Winter heute bei der allgemeinen Visite zu mir. Ein wenig müssen Sie sich also noch gedulden, und obwohl er es zu mir sagte, strahlte ihn Frau Ott an. Sie sitzt auf der Hollywoodschaukel, dachte ich. Als Dr. Winter den Raum verließ, stieß er mit Herrn Aboubakar zusammen. Wollen Sie?, Herr Aboubakar streckte ihm die Pistazien hin. Nein, danke, sagte Dr. Winter, lächelte freundlich und verschwand. Herr Aboubakar kam herein: Aber meine Freundinnen aus dem Damenzimmer N° 5 wollen! Frau Blaser steuerte mit ihrem Gehwagen ebenfalls den Ausgang an. Mein Hörgerät wird repariert, rief sie ihm zu und schlurfte hinaus. Dass endlich etwas unternommen wird – ein Segen, für uns, meinte Frau Ott. Reparieren ist gut, sagte Herr Aboubakar und flüsternd: Frau Ferdinand schläft? Sie ist nur kurz weggenickt, erklärte Frau Ott laut. Schlafen ist gut, Herr Aboubakar mit gedämpfter Stimme. Er setzte sich auf den Besuchersessel rechts neben meinem Bett und ließ wieder Pistazien auf den Nachttisch rollen. Der Herr Abou hat vor zehn Jahren in seinem afrikanischen Dorf als Einziger überlebt, sagte Frau Ott im Plauderton. Als Einziger überlebt?, fragte ich erschrocken. Mechanisch griff Herr Aboubakar nach den Pistazien. Und der Herr Abou, sagte Frau Ott, hat auch auf der Flucht einen Schutzengel gehabt. Stimmt's,

Herr Abou? Ja, sagte Herr Aboubakar, einen Schutz. Nicht jeder hat's geschafft, seufzte Frau Ott. Von dort nach hier, die reinste Odyssee, richtig, Herr Abou? Odyssee?, fragte Herr Aboubakar. Und als er hier angekommen ist, da hat er erst recht wieder Glück gehabt, denn die haben ihm gesagt, wir haben schon genug Slowenen. Slowenen?, fragte ich. Aber er konnte bleiben und ist in ein Asylantenheim gekommen. Im schönen Burgenland. Ja, sagte Herr Aboubakar, viel Glück. Er hat auch angefangen, Deutsch zu lernen. Ja, sagte er, aber schwer. Die Deutschlehrerin hat ihn sogar bei sich aufgenommen. Ja, mit Verputz geholfen, erzählte Herr Aboubakar. Und auf die kleine Tochter der Deutschlehrerin aufgepasst, sprach Frau Ott gleich wieder für ihn. Mit Kindern lernt man ja am besten Deutsch. Ich bin jetzt Tellerwäscher, sagte Herr Aboubakar. Sogar in der Innenstadt, fügte Frau Ott anerkennend hinzu. Ja, Glück gehabt, und Herr Aboubakar wiegte seinen Kopf. Jetzt werden Sie sicher bald wieder arbeiten können, meinte Frau Ott und wunderte sich: Ich verstehe nicht, warum sich die Entlassung so verzögert. Herr Aboubakar zuckte die Schultern: Probleme, Probleme! Na, lächelte Frau Ott aufmunternd, bis jetzt hat ja auch immer alles noch geklappt! Und wir haben außerdem den Dr. Winter! Dr. Winter ist schön, sagte Herr Aboubakar im Gehen. Gut, meinen Sie, sagte Frau Ott, aber schön ist er natürlich auch. Ja, rief Frau Blaser von der Tür. Die Augen so hell, die Haare so dunkel, schwärmte Frau Ott: Das ist das Gesetz des Kontrasts.

Wenn in Dr. Winters Gesichtsarchitektur das Gesetz des Kontrasts herrschte, dann war bei Frau Ott das Gesetz der Gravitation besonders gut zu beobachten: die Backen, das Kinn, die Augenlider. Ja, die Sophia Loren, die bin ich nicht mehr, sagte Frau Ott gerne beim Begutachten der Tränensäcke in ihrem Taschenspiegel. Frau Ott hatte im rollenden Nachttisch die wichtigsten Utensilien, die man als ehemalige Sophia Loren braucht, verstaut: Puder, Lippenstift, Wimperntusche, Kamm und Handspiegel. Jeden Morgen toupierte Frau Ott ihre schwarz gefärbten Haare mit dem Kamm. Voller Konzentration zeichnete sie darauf die gedachte Linie der Augenbrauen nach sowie die ehemals glatten Konturen ihrer Lippen. Ich habe immer Wert auf mein Äußeres gelegt, sagte Frau Ott. Das war auch nötig in meinem Beruf. In einem Reisebüro kommt man ja mit Gott und der Welt zusammen. Und sie fügte hinzu: Ich saß nämlich an der Quelle aller Hoteltarife, so, als ob sie die Menschheit vor dem Verdursten bewahrt hätte.

Wie viele Männer Frau Ott gehabt hatte, konnte ich nur erahnen, es müssen viele gewesen sein. Mir gegenüber erwähnte Frau Ott einen Kurt. Kurt war ein Ausbildungskollege, erzählte Frau Ott. Er war so aufregend wie die Ausbildung. Aha, sagte ich. Nach einem Jahr hatte ich ihn abgeschlossen, sagte Frau Ott. Dann kam Fridolin und nach Fridolin Poldi. Nach drei Jahren warf ich Poldi aus der Wohnung. Poldi wäre womöglich bis ans Ende seines Lebens geblieben. Aber ich habe gesagt: Poldi, du verstehst nichts von der Liebe.

Poldi hat mich mit seinen ausdruckslosen Augen angesehen und gesagt: Ich tue alles, was du willst. Ich habe geantwortet: Poldi, du sollst tun, was du willst. Und Frau Ott fügte hinzu: Das war nämlich das Problem. Wer selber nichts will, der kann nichts von der Liebe verstehen. So, sagte ich. Mit dem Wollen kommt die Leidenschaft, meinte Frau Ott. Aber der Poldi hat nicht kapiert, was ich gemeint habe. Nicht? Ja, sagte Frau Ott, so ist das in der Liebe: Der Erste versteht blau, wenn man rot sagt, der Zweite gelb und der Dritte ist überhaupt farbenblind. Und damit war für sie auch das Kapitel Poldi beendet. Lieber zeigte mir Frau Ott ein Foto aus ihrer Jugend, wie sie sagte: Da war ich dreiundvierzig. Die schwarzen Haare genauso toupiert, eine Sonnenbrille hing in ihnen wie die Spinne im Spinnennetz, die Wangen mit Rouge bedeckt. Ich fragte Frau Ott, ob ihr Nachname ihr Mädchenname sei. Nein, sagte Frau Ott, meinen Mädchennamen habe ich schon lange nicht mehr. Ott ist der Name meines dritten Mannes. Dreimal verheiratet?, staunte ich. Freilich, sagte Frau Ott. Vor Ott hieß ich Mück, vor Mück Liebermann und als Zwitkowitz kam ich auf die Welt. Ich fragte Frau Ott nicht, wie lange Mück und Liebermann geblieben waren. Ich wusste auch nicht mehr, ob Fridolin Mück hieß und Poldi Liebermann, oder umgekehrt. Ich überlegte aber, ob es sein konnte, dass Frau Ott mit Herrn Ott noch verheiratet war. Ich lugte auf Frau Otts Hand. Sie trug drei Ringe. Ich traute Frau Ott zu, dass sie noch alle Eheringe trug, aber keinen Ehemann mehr hatte.

Mein Otti, begann da Frau Ott von alleine, mein Otti, der war meine große Liebe. Ich fand es komisch, dass Frau Ott ausgerechnet ihre große Liebe beim Nachnamen nannte. Beim Otti wäre ich bis an den Rest meiner Tage geblieben. Herr Ott war also tot, schloss ich. Ein fescher Mann war der Otti, und er war ein gescheiter Mann. Er hat sich sehr über den Ersten Weltkrieg und seine Ursachen informiert, das hat ihn ungemein interessiert. Bücher beim Donauland-Versand hat er bestellt – und alle gelesen. Mich hat mehr die Sophia Loren, die Stars halt, interessiert. Aber der Otti, der hat alles über den Ersten Weltkrieg wissen wollen. Beim Zweiten war er schon selbst dabei. Ich habe mich da nicht mehr so richtig erinnern können, meinte Frau Ott. Das Abscheußliche, das vergisst man ja gerne schnell. Das Abscheußliche? Genau, Frau Ott nickte, und am besten, man lässt es gleich hinter sich. Heute weiß die Dinge natürlich jedes Kind – dabei sah sie mich an. Es gibt ja sogar Filme darüber, da spielen sie das nach, den Abtransport und die Lager und so. Jaja, mit richtigen Stars spielen sie das nach. Die Sophia Loren freilich ist viel zu schön für so was. Ja, und wenn der Otti sich nicht gerade über den Ersten Weltkrieg informiert hat, dann ist er mit mir am Fenster gestanden, jeder einen Gucker in der Hand und ein Autonummernheft. Stundenlang hat man mit dem Otti so stehen können. Wer zuerst eine tschechische Autotafel gesehen hat, der hat gewonnen. Wir haben dafür sehr günstig gewohnt, gleich an einer Kreuzung. Das war ein

Spaß! Der einzige, den der Otti noch hatte, nachdem er nicht mehr rauchen durfte. Das Bein abschneiden wäre ja noch gegangen, aber das strikte Rauchverbot! Und dann ein stinknormaler Herzinfarkt, sagte Frau Ott. So was, sagte ich und schüttelte den Kopf. Da hätte er gleich weiterrauchen können, meinte Frau Ott und seufzte. Hatte Herr Ott, ich wollte ablenken, hatte Herr Ott auch in einem Reisebüro gearbeitet? Mein Otti? Nein, der hatte eine eigene Firma. Ach, sagte ich. Otto Otts Heinzelmännchen. Otto Otts Heinzelmännchen? Seine Putzfirma, Frau Ott mit Stolz. Und sie fügte hinzu: Er hieß Otto Ott. Nach dem Vater. Einprägsam, sagte ich. Nur war Otto Ott Eins ein mürrischer Mensch, der Otti dagegen ein richtiger Witzbold. Sie klappte ihre riesige Geldbörse auf und holte ein Foto hervor. Ein Mann mit sehr hoher Stirn war zu sehen. Der ausgestreckte Zeigefinger wies auf sein linkes Bein, das amputiert war. Er hatte eine Zigarette im Mundwinkel und lachte. Das war eine Schokoladenzigarette, sagte Frau Ott. Otti liebte solche Späßchen. Späßchen, wiederholte ich und sah auf das amputierte Bein. Und die Heinzelmännchen?, fragte ich. Eingegangen: Kleine Firma, große Krise – bei kleiner Firma zeigte sie mit der rechten Hand einen minimalen Abstand zwischen Daumen und Zeigefinger, bei groß machte sie mit beiden Händen einen Halbkreis. Gut, dass der Otti das nicht mehr miterleben musste. So ein großer Witzbold – Frau Ott machte wieder einen Halbkreis mit den Händen – war er nämlich auch wieder nicht.

Mein Mann, der hat nur beim Hörgerät, Frau Blaser griff ans Reparierte, keinen Spaß verstanden. Und alt geworden ist er auch noch. Frau Blaser war eine bildhübsche Frau, ließ mich Frau Ott wissen. Sie hat sogar einmal als Mannequin gearbeitet, verriet sie mir. Ach, sagte ich und blickte in Frau Blasers rundes Gesicht: Wie ein altes Baby, dachte ich, und es war seltsam, Anfang und Ende so vereint zu sehen. Für Badeanzüge, sagte Frau Blaser. In Kurhotels. In Kurhotels?, fragte ich. Dr. Winter hätte sich damals sicher in Sie verliebt, Frau Blaser, meinte Frau Ott. Das nützt mir heute nichts mehr, antwortete Frau Blaser und erzählte mir: Früher hatte ich blonde Haare bis zur Hüfte, etwas gelockter als Ihre, und sie strich sich durch das weiße Haar. Man konnte die Kopfhaut durchscheinen sehen. Der Bruno, der dann mein Mann geworden ist, der hat im Kurhotel an der Rezeption gearbeitet. Meine blonden Haare haben ihn vom ersten Moment an fasziniert. Ich stellte mir vor, wie der Rezeptionist des Kurhotels einen verstohlenen Blick in den Saal warf, durch den Frau Blaser im Badeanzug mit dem runden Gesicht und den hüftlangen blonden Haaren trippelte. Frau Blaser hatte früher sicher keinen Buckel gehabt, sondern einen eleganten, aufrechten Gang. Ich war ein dummes Mädchen, damals, sagte Frau Blaser, nichts im Kopf, alles im Badeanzug. Meinem Mann hat das gefallen. Aber unsere Tochter, die ist gescheit. Hat studiert, sagte Frau Blaser stolz, ist medizinisch-technische Assistentin geworden. Und nach Amerika gegangen. Frau Blaser schüttelte den Kopf: Ausgerechnet Amerika! Dort, wo sie immer Amok laufen und jeder ein Gewehr hat! Unsere Ursl hat aber gesagt: Ich fürcht mich vor nichts. Die war schon als kleines Kind so: Hat die Puppen aus den brennenden Puppenhäusern gerettet und sie verbunden, oder ein Erdbeben hat das Puppenhaus zerstört, und die Ursl musste die Puppen herausholen und sie versorgen. Die haben oft schwere Verletzungen gehabt, die Puppen. Als sie größer war, hat sie dann immer sofort, wenn irgendwo jemand hingefallen ist, geholfen. Die Ursl, die hat so einen Retterinstinkt. Ich weiß gar nicht, woher sie den hat, denn der Bruno, der hatte den sicher nicht. Auf alle Fälle ist die Ursl dann nach Amerika. Ich weiß noch, wie wir sie zum Flughafen gebracht haben. Alle haben gesagt: Also, dass ihr die Ursl dorthin fahren lasst, da hört man ja so viel! Ich hab gesagt: Die Ursl ist erwachsen. Sie macht, was sie will. Aber als ich dann am Flughafen gestanden bin und die Ursl mit ihrem Rucksack durch die Kontrollsperre gegangen ist, da hat es mir die Kehle zugeschnürt. Ich hab zum Bruno gesagt: Bruno, schnürt es dir auch die Kehle ein? Mein Mann, der hat auf meine Fragen immer mit Nein geantwortet. Aber dieses Mal hat er gesagt: Ja. Und da hab ich noch einmal schlucken müssen. Die Ursl hat dann lange Zeit in einem Krankenhaus gearbeitet. Dort hat sie einen Vietnamesen kennen gelernt, den Xuan. Er hat in der Spitalsküche gearbeitet. Die Ausbildung, die er in Vietnam gemacht hat, ist ihm nicht angerechnet worden. Bei der Essensausgabe in der Kantine war er immer zu allen so freundlich gewesen – und zur Ursl ganz besonders. Und nach der ich weiß nicht wievielten Essensausgabe waren sie dann endlich ein Paar. Xuan heißt Frühling, hat uns die Ursl am Telefon mit verliebter Stimme erklärt. Die Ursl und der Xuan haben geheiratet und drei Buben gekriegt. Das war nicht leicht, drei Buben in Bürgerkriegswirren großzuziehen. Bürgerkriegswirren? Sie bringt manchmal was durcheinander, flüsterte Frau Ott. Aber der Xuan, der hat sich dann selbstständig gemacht und ganz alleine einen vietnamesischen Imbiss eröffnet. Einmal sind sie uns sogar besuchen gekommen. Die Buben, die haben nur Englisch gesprochen. Mein Mann als Rezeptionist konnte natürlich Englisch. Er hat ja viele Volkshochschulkurse besucht. Ein unermüdlicher Volkshochschulgänger, mein Mann. Er hat sich also gut mit den Buben und dem Xuan unterhalten können. Er hat Hello gesagt, den ganzen Tag, Hello. Mit den Buben sind wir in den Prater. Die waren total begeistert, die Buben. Mein Gott, wann wird das gewesen sein? Der älteste war vielleicht sieben, jetzt ist er auch schon vierzehn. Der Schwiegersohn, der Xuan, war ein stiller Mann. Klein und leicht und still. Aber er hat immer freundlich Hello zurück gesagt und dabei gelächelt. Na, wie der Frühling sieht er aber nicht gerade aus, hat der Bruno zu mir gemeint. Jetzt ist ja auch schon Sommer, hab ich geantwortet. Dafür hat die Ursl aber viel Winterspeck, der Bruno darauf. Und er hat schon Recht gehabt, meinte Frau Blaser, denn die Ursl, die hat ordentlich zugenommen. In unsere Ursl würden die drei Buben und der Schwiegersohn hineinpassen, hat der Bruno gesagt. Der Imbiss vom Xuan ist halt gut gegangen. Ursl, wir haben dich doch nicht studieren lassen, damit du dann in einem Imbiss arbeitest, hab ich einmal am Telefon gemeint. Mutti, hat die Ursl gesagt, die haben einsparen müssen. Aber der Xuan braucht sowieso jemanden, der ihm hilft, bei dem Erfolg, den er hat! Wir haben also unsere Ursl ganz umsonst studieren lassen. Meinen Mann hat das wütend gemacht. Ich hab gesagt: Wir können stolz sein, dass der Imbiss so gut geht. Um die Ursl muss man sich also keine Sorgen machen, die schafft alles, zusammen mit dem Xuan.

Der Reini ist das Sorgenkind, sagte Frau Blaser. Sorgenkind? Ja, der Reini, der ist schon immer im Schatten von der Ursl gestanden. Er hatte als Kind Angst vor allem und jedem, er war ja auch ein paar Jahre jünger als die Ursl. Der mochte die Spiele der Ursl mit den verletzten Puppen und so, überhaupt nicht hat er das gemocht. Der Reini, der hat auch schon in der Volksschule Probleme gehabt. Der wurde halt viel ausgelacht. Ich glaub, davon hat sich der Reini nie richtig erholt. Von dem Auslachen in der Volksschule? Ich hab meinem Mann ja auch gesagt, komm, kaufen wir dem Reini Kontaktlinsen. Aber der Bruno hat nur gesagt: Die verliert der nur. Er wird schon aufpassen, hab ich geantwortet. Der Reini verliert doch alles, hat mein Mann geantwortet. Und ja, das hat schon gestimmt, der Reini hat irgendwie ein Talent zum Verlieren gehabt. Einmal haben wir dann doch Kontaktlinsen gekauft für den Reini. Zu seinem siebzehnten Geburtstag. Aber dem Reini ist noch am selben Abend eine Linse in den Abfluss gefallen. Die Ursl hat sofort den Abfluss aufgeschraubt, aber die Linse war schon weg. Ja, im Verlieren war der Reini gut. Meinen Mann, den Bruno, hat das auf die Palme gebracht. Nie war er mit dem Reini zufrieden. Und der Reini hat sich so gekümmert nach dem Unfall. Unfall?, fragte ich. Ja, der Bruno ist beim Rasenmähen über ein morsches Brett, und da hat's ihn nach hinten geworfen. Er ist auf den Kopf gefallen. Dann ist er arbeitsunfähig geworden, der Bruno. Eine ganz kleine Invalidenpension hat er bekommen. Die werden nicht höher, die Pensionen, bemerkte Frau Ott. Aber ein Kampf war das damals, erwiderte Frau Blaser. Bis der die Pension zuerkannt bekommen hat! Wie viele Gutachten da erfolgen mussten! Und es war ja nicht so leicht, dem Rasenmäher die Schuld nachzuweisen, weil, der Bruno, der war doch davor schon schwerhörig. Nur Kopfweh hat er jetzt dazu gehabt. Die Ursl hat uns eine Zeit lang Geld aus Amerika schicken müssen. Ohne Ursls und Xuans Imbiss in Amerika wären wir aufgeschmissen gewesen. Denn der Reini, der hat da grad seine Arbeit bei der Rezeption verloren gehabt. Auch bei der Rezeption?, fragte ich. Ja, aber er war nicht so sprachbegabt wie der Bruno. Wenn der Reini nicht bei uns wohnen geblieben wär, dann hätt er die Wohnung sicher ebenso verloren. Ja, zu der Zeit, da war der Bruno auch schon ziemlich hinüber. Der hat nur noch geschimpft. Aber manchmal, wenn ich ihm den Wurstanschnitt gebracht hab, dann hat er sogar gelächelt und Hello gesagt.

Der Erich, sagte da Frau Ferdinand, hätte auch gerne Fremdsprachen gekonnt. Genau, wie er so gerne studiert hätte. Obwohl die Position, die er im Heeresgeschichtlichen Museum hatte, gar keine schlechte war. Und immer hat er davon gesprochen, dass der Georg einmal auf die Universität gehen wird. Leider hat das der Erich nicht mehr erlebt. Der Georg war ja zwölf, als er gestorben ist. Aber stolz wäre er gewesen, wenn er gesehen hätte, wie schnell der Georg das Studium abgeschlossen und Karriere gemacht hat, sagte Frau Ferdinand selber stolz. Während sie erzählte, sah ich sie an: Ihr Körper, der sich spitz unter der Bettdecke abzeichnete – einem verdorrten Ast glich er. Ein verdorrter Ast, auf dessen Ende eine Dörrpflaume steckte. Wenn man die Dörrpflaume genau ansah, entdeckte man darin den Glanz von dunklen Sonnen.

Der Erich hat das ganze Museum auswendig gekannt, erzählte Frau Ferdinand weiter. Oft hat er den Georg und mich durch die Räume geführt – und der Georg konnte nicht genug davon bekommen. So wie er sich über nichts mehr gefreut hat, als mit dem Erich am Wochenende zu basteln. Der Erich war ja ein Bastler mit Leib und Seele. Für Georgs Briefmarken hat er sogar ein Kästchen gemacht mit lauter kleinen Schubladen. Dem Georg hat Ihr Mann sicher auch Spielzeug gemacht, Frau Blaser neidisch und bewundernd zugleich. Ja, das Schaukelpferd, das er ihm gemacht hat, hat der Georg über alles geliebt. Ganz nah an sein Bett hat er es immer vor dem Einschlafen geschoben. Und jedem Kind hat er es stolz gezeigt, und alle durften darauf reiten. Der Georg hat nie etwas nur für sich haben wollen. Er ist ja auch nach dem heiligen Samariter, der den Mantel mit den Armen geteilt hat, getauft worden, meinte Frau Blaser. Der Heilige Georg hat den Drachen getötet, sagte Frau Ferdinand. Davor hat er aber seinen Mantel geteilt, belehrte sie Frau Blaser. Das war der Heilige Martin, widersprach Frau Ferdinand. Oder hat der Georg den Mantel danach geteilt?, überlegte Frau Blaser. Der Martin hat den Mantel geteilt, sagte Frau Ferdinand, der Georg hat den Drachen getötet. Aber mein Georg, der hat keinem ein Haar krümmen können. Frau Ott, der Heiligen überdrüssig: Er kommt doch heute?, und leise zu mir: Wenn der Georg zu Besuch kommt, müssen wir alle im Zimmer bleiben. Sie möchte nicht mit ihm allein sein.

Es klopfte energisch gegen die Tür. Das wird er sein, sagte Frau Ott. Ein Mann kam herein, grüßte, ohne jemanden dabei anzusehen, und machte das Fenster auf: Darf ich?, fragte er, nachdem er es schon geöffnet hatte. Dann ging er an Frau Ferdinands Bett. Nimm doch Platz, bot Frau Ferdinand ihm an. Ich muss gleich wieder zu einer Verhandlung, sagte Georg und blieb am Bett stehen. Sein breiter Körper schien durch seine bloße Anwesenheit Frau Ferdinands weiter zu dezimieren. Hast du schon unsere neue Zimmergenossin gesehen?, Frau Ferdinand zu ihm. Ja, sagte er und nickte zu mir herüber. Wie geht es dir denn?, erkundigte sich Frau Ferdinand. Georg wich zurück. Da, nimm ein Pfefferminzbonbon, sagte er. Das ist lieb, sagte Frau Ferdinand. Was macht die Kanzlei? Scheidungen gehen nie aus, antwortete Georg und lachte laut. Da werden Sie viel Einblick in die Abgründe der Menschen haben, was, Herr Georg, meinte Frau Ott. Ja, sie zerfleischen sich richtiggehend, sagte Georg glücklich, nachdem sie sich zuvor ewige Liebe geschworen haben. Kein leichter Beruf, meinte Frau Blaser. Nein, sagte Georg, man muss immer freundlich sein. Und dass du dann auch noch Zeit für mich hast, Georg, das ist ganz aufmerksam. Frau Ferdinand versuchte sich am Trapez hochzuziehen. Frühstückst du wieder?, fragte sie. Jeden Tag eine Banane. Du musst richtig frühstücken! Belinda ist Ernährungsberaterin, sie muss es wissen, entgegnete Georg. Wir haben schon gehört, dass Ihre Belinda so gut mit Menschen umgehen kann, sagte Frau Ott. Ja, meinte Georg, das ist in diesem Beruf das A und O. Man muss auf die Menschen zugehen können und ihre Eigenheiten lieben, um ihre eingefleischten Gewohnheiten verändern zu können. Einfleischen, zerfleischen – er hat es mit dem Fleisch, dachte ich, der Bananenmann. Und was mir die Belinda erzählt, wie schwer das ist! Mit deutlichen Worten kann sie da nicht sparen. Ihre Eigenheiten lieben, dachte ich. Durch die Blume geht da nichts!

Reini!, rief Frau Blaser mitten in die Blume hinein: Komm nur, Reini! Ein Mann mit Brille stand an den Türrahmen gedrückt. Na, komm schon, sagte Frau Blaser und klopfte auf ihre Bettdecke. Meine Freundinnen kennst du ja schon und Frau Ferdinands Sohn auch. Und das ist unser neues Küken. Reini löste sich vom Türrahmen, murmelte etwas zum Gruß und schlüpfte mit eingezogenen Schultern an den Betten vorbei zu Frau Blaser. Stell dir vor, ich kann wieder hören, und schau, ich hab dir das Kirschenkompott aufgehoben. Reini nickte, nahm wortlos das Kirschenkompott, legte den Teller, mit dem es zugedeckt war, auf den Nachttisch, hob die Schüssel an das Kinn und schaufelte den Inhalt schnell in den Mund. Dabei sah er uns abwechselnd an; die Augen durch die dicken Gläser verkleinert. Belinda konnte wieder nicht mitkommen?, fragte Frau Ferdinand. Belinda hat viel zu tun. Na, dann verdient sie sicher auch nicht schlecht, meinte Frau Ott. Ich verdiene ja genug, erwiderte Georg. Reini rollte eine Kirsche vom Löffel in die Schüssel zurück. Durch das geöffnete Fenster hörte man einen Vogel. Reini hielt inne. Das ist ein Zilpzalp, sagte er. Der Reini sammelt Vogelstimmen, Frau Blaser zu uns. Er nimmt sie selber auf, und er hat auch ein ganz tolles Buch, *Vogelstimmen – für Jung und Alt*, mit einer Kassette dabei. Eine Audio-CD, sagte Reini. Ja, mein ich ja, so eine Spezialkassette halt. Hundertfünfundsechzig – hundertfünfundsiebzig, verbesserte sie Reini – verschiedene Vogelstimmen sind da drauf. Stunden kann der

Reini mit Kopfhörern verbringen. Reini trat ans Fenster. Unterschiedliche Gesänge und Rufe. Ich könnte eine Amsel nicht von einer Drossel unterscheiden, sagte Georg. Reini warf ihm einen Blick zu. Aber Sie, Sie kennen sich gewiss mit Vogelstimmen aus, Frau Blaser zu mir. Reini sah mich an. Nicht wirklich, sagte ich vorsichtig. Der Reini würde Ihnen sicher gerne eine Einführung geben, meinte Frau Blaser. Oder, Reini? Reini drehte uns wieder den Rücken zu und sah aus dem offenen Fenster. Eine tolle Einführung, dachte ich. Und wie gerne du selber Vogelhäuschen gebastelt hast, weißt du noch, Reini? Die Ursl hat angerufen, sagte er ins offene Fenster. Ich hab sie natürlich alle aufgehoben. Sie wird probieren – Vielleicht willst du ja unserer jungen Patientin einmal eines mitbringen, Reini? Reini gab einen Laut von sich. Reini? Man hörte nur den Vogel. Na, wird vielleicht schwierig werden, eines wiederzufinden, bei uns liegt so viel herum, hast ja Recht, Reini. Ich schau dann selber, wenn ich wieder zu Hause bin. Reini drehte sich um: Du kommst schon bald? Wenn mich mein Dr. Winter weglässt, antwortete Frau Blaser. Mein Dr. Winter, wiederholte Reini. Was sagen Sie denn zum Arzt Ihrer Mutter, Herr Georg?, fragte Frau Ott. Zum Arzt? Na, zum Dr. Winter. Er wirkt kompetent. Ja, sagte Frau Ott, ein Glücksfall in jeder Hinsicht, und sie sah mich dabei an. Georg taxierte mich. Und er arbeitet rund um die Uhr, wie Sie, Herr Georg, Frau Ott zu ihm. Reini drehte sich verdrossen zum Fenster zurück. Ich muss los, sagte Georg geschäftig. Die Verhandlung geht ja nicht ohne mich. Ja, ich muss auch nach Hause, sagte Reini, gleich als Georg den Raum verlassen hatte.

Nachdem er ebenfalls gegangen war, sagte Frau Ott zu Frau Ferdinand: Ihren Sohn kann man sich gut als erfolgreichen Anwalt vorstellen! Den ganzen Tag Streitereien anderer ausbügeln, das könnt mein Reini nicht, meinte Frau Blaser. Ja, die Juristerei imponiert mir, Frau Ott zu Frau Ferdinand. Der Reini ist auf seine Weise gescheit, betonte Frau Blaser eifersüchtig. Sie haben einen genauso außergewöhnlichen Sohn, Frau Blaser, das habe ich doch schon letztes Mal gesagt, beruhigte sie Frau Ott. Und wie geschaffen für eine Rezeption, dachte ich. Der Reini ist ein guter Kerl, Frau Blaser zu uns, ein bisschen eigenbrötlerisch halt. Ein bisschen, dachte ich. Frau Blaser drehte sich prompt zu mir: Wie hat Ihnen denn mein Reini gefallen? Mir? Ja, sagte Frau Blaser und sah mich erwartungsvoll an. Ganz runde Augen im runden Gesicht. Bestimmt ein guter Sohn, sagte ich schnell. Der Reini ist halt schon über vierzig, sagte Frau Blaser, als gäbe es etwas zu bedenken. Aber ein älterer Mann ist immer gut. Da gibt's eine starke Schulter zum Anlehnen. Eine starke Schulter, wiederholte ich. Und der Reini wird zumindest gertenschlank bleiben, denn wenn der mit einundvierzig nicht dick geworden ist, dann wird sich das auch nicht mehr groß ändern. Der Georg, der würde schon zum Auseinandergehen tendieren, meinte Frau Ferdinand. Aber mit dem regelmäßigen Turnen. Fitness, sagte Frau Ott. Und er hat die Belinda. Komisch eigentlich beim Reini, wunderte sich Frau Blaser, denn der steht ja im Grunde nur im Garten rum. Und an mich gewandt: Sie scheinen ja auch nicht zum Zunehmen zu neigen. Sie musterte mich. Dem Reini gefallen so Frauen wie Sie, das weiß ich. Vor Frauen, an denen was dran ist, fürchtet sich der Reini. So, sagte ich. Aber Sie, meinte Frau Blaser, so ein Vöglein, das wär ideal. Ich gähnte, um Müdigkeit zu signalisieren. Seit das Hörgerät vom russischen Minister repariert worden ist, werd ich auch schneller müd, Frau Blaser darauf, und sie hielt sich ebenfalls die Hand vor. Das hat man vom Hören. Frau Ott meinte zu mir: Dann werden Sie wohl heute nicht mehr so lange am Abend schreiben. Ist sowieso besser für die Augen, bei dem künstlichen Licht. Was schreiben Sie da eigentlich?, erkundigte sich Frau Blaser neugierig. Ich? Na, was wird sie schon schreiben, über Ihren Reini wahrscheinlich, Frau Ott zu ihr. Sie könnten uns ja einmal was daraus vorlesen, schlug Frau Blaser vor. Aber Frau Blaser, rief Frau Ferdinand, sie wird doch nicht ihre Geheimnisse vor uns ausbreiten! Vielleicht kommt ja neben dem Reini auch noch jemand anderer vor, sagte Frau Ott und sah mich an, als wüsste sie genau, wer dieser andere zu sein hatte.

Die Wette

Guten Morgen! Ich öffnete die Lider. Es wurde hell. Ich blickte in den Winter. Guten Morgen, murmelte ich. Sie haben einen beneidenswerten Schlaf, sagte Dr. Winter und lächelte mich an. Ich wollte gerade unter die Dusche und mich fertig machen, sagte ich verlegen und setzte mich auf. Der Perikarderguss ist am Zurückgehen, sagte er, und meine Verlegenheit schien ihm Vergnügen zu bereiten. Das wollte ich Ihnen nur mitteilen. Danke, murmelte ich und blickte ihm hinterher.

Das wollte ich Ihnen nur mitteilen, ahmte Frau Blaser Dr. Winter nach, nachdem er gegangen war. Mir hat Dr. Winter noch nie etwas extra mitgeteilt. Mir doch auch nicht, sagte Frau Ferdinand von gegenüber. Das bestätigt nur meine Vermutung, sagte Frau Ott. Vermutung? Ja, sagte Frau Ott, und ich habe da eine Idee! Da bin ich aber gespannt, erwiderte Frau Blaser. Ich nicht, dachte ich. Frau Ott rückte ihr Kissen zurecht und sagte: Ich bin dafür – dass wir eine Wette abschließen. Eine Wette?, fragte Frau Blaser. Ja, sagte sie. Was für eine Wette denn?, wollte Frau Ferdinand wissen. Ich wette – Frau Ott sah bedeutungsvoll in die Runde –, dass unser Küken den Dr. Winter für sich gewinnt. Ich schlug schnell mein Heft auf. Wer ist bei der Wette dabei? Frau Blaser? Der Reini wird ja doch kein Vogelhaus bringen, sagte Frau Blaser und seufzte. Hoffentlich, dachte ich. Dann sind Sie dabei! Und Sie, Frau Ferdinand? Jaja, murmelte Frau Ferdinand. Wunderbar, sagte Frau Ott, und im Augenwinkel spürte ich Frau Otts Blick. Sie sagte: Sie haben ja alles gehört. Ich sah über den Heftrand zu den alten Damen. Ich? Wir haben soeben eine Wette abgeschlossen. Schön, erwiderte ich. Das können Sie gleich festhalten, sagte Frau Ott. Ich klappte das Heft demonstrativ zu und stand auf. Schon fertig damit?, fragte Frau Blaser erstaunt.

Ich ging hinaus. Am Ende des Gangs sah ich Schwester Beatrice mit Dr. Winter sprechen. Er blickte kurz zu mir her. Da hörte ich meinen Namen rufen. Erstaunt drehte ich mich um. Herr Aboubakar! Seine Augen waren glasig. Geht es Ihnen gut, Herr Aboubakar? Bald besser, sagte er. Wann sollen Sie entlassen werden? Er zuckte mit den Schultern. Ich sah wieder seine Augen an. Warten Sie einen Moment, sagte er zu mir und verschwand in seinem Zimmer. Mit Pistazien in der Hand kam er wieder: Gruß für das Damenzimmer! Herr Aboubakar hat in seinem Leben sicher schon viele Pistazien öffnen müssen, dachte ich, und mir kam jetzt die aus der Langeweile eines Krankenzimmers geborene Wette noch fragwürdiger vor. Ich ging ins Zimmer zurück, sagte nur: Einen schönen Gruß von Herrn Aboubakar, und verteilte die Pistazien. Frau Ott wies auf mein Heft: Sie haben vorher auch nichts vergessen? Ich legte mich ins Bett und schloss die Augen. Na, das Heft läuft ja nicht davon! Ich drehte mein Ohr auf das Kissen. Mein Herz konnte ich hören – und Frau Ott: Die

Wette freilich könnten Sie gleich abschließen. Ich habe keine Ahnung, wer Dr. Winter eigentlich ist, aber ich soll ihn für mich gewinnen, dachte ich. Und die Unterhaltung zwischen Frau Ott und Herrn Aboubakar über Dr. Winter kam mir in den Sinn. Ich öffnete die Augen, nahm das Heft und schrieb: Dr. Winter – ist er gut oder schön?

Da scheint es ja viel zum Festhalten zu geben, freute sich Frau Ott, als sie mich am nächsten Tag wieder mit dem Heft sah. Was soll meine liebe Nichte festhalten?, kam es von der Tür. Onkel Gustl? Tante Gertrud gleich hinter ihm geschäftig: Festhalten? Wen? Ich legte das Heft beiseite. Onkel Gustl atmete schwer, aber lächelte: Ich muss doch meine Nichte besuchen, wenn sie im Krankenhaus liegt. Wenn die halbe Familie auf Urlaub ist, muss sich ja wenigstens einer um dich kümmern, sagte Tante Gertrud, und es war klar, dass sie nicht Onkel Gustl damit meinte. Was machst du denn für Sachen?, Onkel Gustl zu mir. Herzsachen, sagte ich, und an die Wette dachte ich. Und dir? Wie geht es dir? Na ja, sagte Onkel Gustl und zuckte mit den Schultern: Wie soll's einem schon gehen. Jünger wird er nicht, gell, sagte die Tante zu mir und laut: Ab siebzig geht es eben abwärts. Sie beugte sich zu mir: Gut, dass wir zwei noch weit bis dorthin haben. Onkel Gustl zog ein Stofftaschentuch aus der Hose. Ich glaube, er hört nicht mehr so gut. Onkel Gustl strich sich über die Stirn. Und die Prostata – auch nicht mehr einwandfrei, verkündete die Tante noch lauter. Jaja, murmelte Onkel Gustl und wurde rot. Vielleicht muss er operiert werden. Aber nur vielleicht, schränkte Onkel Gustl ein. Ziemlich wahrscheinlich sogar, meinte die Tante. Onkel Gustl steckte das Taschentuch zurück. Also, er sah sich um, nicht so schlecht hast du's hier. Die Frau mit dem Hörgerät des russischen Ministers hättest du erst erleben sollen, sagte die Tante zu ihm. Frau Blaser liegt hinter dir, machte ich sie aufmerksam. Tante lächelte unbeirrt. Ihr Hörgerät ist repariert worden. Tantes Lächeln erstarrte. Ja, operiert werden muss er, die Tante hektisch. Das wird sich nicht vermeiden lassen. Und dir?, unterbrach ich die Tante. Mir? Wie geht es dir? Mir geht es blendend! Ich habe doch keine Zeit für Schmerzen, und sie strahlte. Aber der Blutdruck bei deinem Onkel, die Tante wie besessen, erzähl ihr von deinem Blutdruck! Das ist nicht so interessant. Und ob!, meinte die Tante und nach einer Pause: Dann erzähle ich es halt, und sie setzte schon an, als es in diesem Moment vom Nebenbett kam: Kennen Sie das hier? Die Tante und Onkel Gustl sahen verdutzt zu Frau Ott. Sie hielt ihnen ein Buchcover entgegen: *Das Geheimnis meiner Schönheit*. Ich lese keine Ratgeber, sagte die Tante voller Abscheu und wandte sich schon wieder an mich, um von Onkel Gustls Blutdruck zu erzählen. Amore, amore, sagte da Frau Ott, diese Sophia, und zwinkerte Onkel Gustl zu. Onkel Gustl nickte mit kugelrunden Augen. Sein Blutdruck ist wirklich alarmierend, ließ sich die Tante von neuem hören. Vor allem momentan, dachte ich. *Gute Gespräche ergeben sich aus dem Interesse, etwas über andere zu erfahren*, las Frau Ott im Hintergrund. Das scheint ein anregendes Buch zu sein, nickte Onkel Gustl beifällig. Ja, sagte Frau Ott, die Sophia Loren war halt eine gescheite Frau. Sie war nichts weiter als eine – Tante

Gertrud verzog leicht den Mund – Sexbombe! Onkel Gustls Augen flackerten auf. Die immerhin Bücher geschrieben hat, entgegnete Frau Ott. Möchte gern wissen, wer die geschrieben hat, Tante Gertrud giftig. Tzz, machte Frau Ott nur und las weiter. Und wennschon, sagten Onkel Gustls Augen, die Frau Ott ansahen. Ganz miserabel sind seine Blutdruckwerte, die Tante zu mir. Vom Zucker rede ich erst gar nicht! Das nenn ich Kurven, rief Frau Ott und hob abermals das Buch hoch. Tante Gertrud zog Onkel Gustl blitzschnell am Ärmel. Er drehte erstaunt den Kopf zu ihr. Wir müssen leider gehen, sagte sie wie ein Kindermädchen, das den verbotenen Blick gerade noch hatte verhindern können. Dem Gustl wird es ja schnell zu stark. Eine ausnehmend nette Gesellschaft hast du hier, sagte Onkel Gustl zu mir. Wie lange bleibst du noch? Länger als gedacht, der Perikarderguss muss erst zurückgehen. Das hast du mir gar nicht gesagt, rügte die Tante darauf. Das ist nicht so schlimm, sagte ich schnell, nur wie ein blauer Fleck am Herz. Wir werden sehen, wann wir es wieder zu dir schaffen, meinte die Tante. Die vielen Arzttermine, fügte sie hinzu. Ich nickte bedauernd. Aber abholen können wir dich dann auf jeden Fall. Das ist nicht nötig, murmelte ich. Doch, sagte Tante Gertrud bestimmt und erhob sich. Baldige Besserung, wünschte sie, auch den Damen, fügte sie kühl hinzu. Frau Ott lächelte zuckersüß. Onkel Gustl beim Hinausgehen zu den Damen: Küss die Hand! Frau Ott winkte mit *Geheimnis meiner Schönheit*.

Einen charmanten Onkel haben Sie da, Frau Ott zu mir. Ja, sagte ich. Ganz mein Typ. Ihr Typ? Ja, sagte Frau Ott mit verklärtem Ausdruck. Das fehlte gerade noch! Diese Knopfaugen – wie ein Teddybär, schwärmte Frau Ott. Ein Teddybär? Auf der Stelle möchte man ihn knuddeln! Onkel Gustl knuddeln? Auf der Stelle? Und gleichzeitig diese Galanterie, das ist halt die alte Schule, sagte Frau Ott und seufzte. Ich nickte abwesend, beschäftigt damit, die neue Perspektive, die Frau Ott eröffnete, zu verkraften. Ich habe eben ein Faible für jüngere Männer. Jüngere Männer? Vielleicht wird er ja zu uns auf die Abteilung gebracht, Frau Ott voller Hoffnung. Vielleicht, ich wie unter Schock. Beim Bluthochdruck schaut schnell einmal der Herzinfarkt vorbei, Frau Ott zuversichtlich. In der Tat, sagte ich und dachte: mein Blutdruck! Ihr Onkel Gustl und ich, wir könnten dann zusammen das *Geheimnis meiner Schönheit* lesen. Frau Ott schien sich schon die Details auszumalen. Und dann würde endlich einmal im Herrenzimmer nebenan ein richtiger Herr liegen! Herr Aboubakar ist auch ein richtiger Herr, sagte ich. Ja, am Herrn Abou sollten sich einmal die anderen ein Beispiel nehmen, meinte Frau Ferdinand, der ist auch von der alten Schule. Frau Ott war noch immer bei Onkel Gustls Schule. Erwartungsvoll fragte sie mich: Ihr Onkel, ist der auch ein Wissenschaftler? Nicht direkt, antwortete ich, er hat bei der Post angefangen, hat dann aber in eine Rohrreinigungsfirma gewechselt. Na, wenn das kein Schicksal ist, Frau Ott schlug die Hände zusammen, schon wieder eine Reinigungsfirma! Und dafür, sagte Frau Ott, das weiß ich vom Otti, dafür muss man fast ein Wissenschaftler sein! Dann hätte er auch bei der Post bleiben können, war Frau Ferdinand zu hören. Und Frau Blaser: Die Reinigung ist eine Wissenschaft, das hat der Bruno auch immer gesagt! Wie die Liebe, Frau Ott zu mir. Sie haben die Wette nicht vergessen, oder? Ich schlug mein Heft auf. Frau Ott erklärte: Die Logik der Liebe ist kinderleicht – Sie wecken in ihm die Sehnsucht. Und sie fügte hinzu: Das machen Sie doch nicht zum ersten Mal. Ich nahm den Stift. Ihr Onkel Gustl, Frau Ott zufrieden, der ist auf alle Fälle geweckt. Ich schrieb: Die Logik der Liebe – Sie wecken in ihm die Sehnsucht. Der nächste logische Schritt: eine Wette. Was sonst.

Dreimal dürfen Sie raten, von wem ich heute geträumt habe, Frau Ott zu mir, kaum dass ich die Augen offen hatte. Von der Tante, murmelte ich. Eine Bowle haben wir im Sonnenuntergang getrunken, erzählte Frau Ott. Also, ich träum immer nur in Schwarz-Weiß, beklagte sich Frau Blaser. Ja, und der Herr Gustav hat sich dann zu mir gebeugt – So genau will ich es gar nicht wissen, bremste ich. Aber ich, rief Frau Blaser. Ach, wenn Träume wahr werden könnten, Frau Ott mit sehnsuchtsvollem Blick.

Ich hoffe, den Damen geht es gut, unterbrach Dr. Winter Frau Ott. Frau Ott sah ihn mit demselben Blick an, mit dem sie gerade von Onkel Gustl gesprochen hatte. Er drehte sich zu mir: Und unser Perikarderguss, wie fühlt er sich? Gut, sagte ich und bemühte mich, möglichst neutral zu klingen. Er kam an mein Bett. Die Frauen folgten ihm mit ihren Blicken. Das ist schön, sagte er. Ich sah in seine hellen Augen. Ja, sagte ich, und für einen Augenblick vergaß ich die anderen und lächelte ihn an. Er lächelte auch. Darauf lächelten sich die alten Damen ebenfalls zu. Und Frau Ott rief: Haben wir nicht ein Prachtküken!, so als hätte sie mich ausgebrütet. Dr. Winter nickte. Vielleicht könnten Sie ihr noch einmal genau erklären, was beim Eingriff alles gemacht worden ist. Sie fragt uns immerzu, sagte Frau Ott. Ich sah sie erstaunt an. Und wie sollen wir, Frau

Blaser nun, wie sollen wir uns auskennen. Gerne doch, sagte Dr. Winter und wandte sich an mich. Was für Fragen kann ich Ihnen denn beantworten? Ich stammelte etwas und merkte, wie ich kurz vorm Rotwerden war – Zum Beispiel die neutrale Elektrode, Frau Ott für mich. Ja, genau, murmelte ich. Und die, Frau Blaser suchte – Sonde, half Frau Ferdinand. Dr. Winter sah mich an. Ich nickte. Also bei so vielen Fragen schlage ich vor – Das ist eine gute Idee, rief Frau Ott schon aus – schlage ich vor, dass wir ein Zeitfenster finden, damit ich Ihnen das in aller Ruhe genau erklären kann. Eine wirklich gute Idee, Frau Ott erneut. Danke, sagte ich kurz angebunden. Und da kam schon Schwester Beatrice mit den Patientenmappen herein.

Habe ich es doch gesagt!, Frau Ott im Siegestaumel nach der Visite. Ich sah sie regungslos an. Ein Zeitfenster!, freute sich selbst Frau Ferdinand. Jetzt ist Schwester Beatrice weg vom Fenster!, rief Frau Ott. Der Reini aber nicht, Frau Blaser um das Glück ihres Sohnes bemüht. Dr. Winter wird mir nur etwas erklären, stellte ich klar. Erklärungen sind der Anfang, meinte Frau Ott. Vielleicht zeigt er Ihnen ja etwas, wie ich dem Otti die Prospekte *Busausflüge für Alleinstehende*, und dann können Sie ganz langsam näher rücken und – Wollen Sie zu ihm gehen?, unterbrach ich Frau Ott. Das war auch unser Ritual, Frau Blaser nun zu Frau Ott, ohne mich zu beachten. Die Busausflüge für Alleinstehende? Egal was, meinte Frau Blaser, Hauptsache, der Bruno konnte mir etwas erklären. Und dann? Dann war er glücklich.

Und Sie? Ich auch. Aha, sagte Frau Ott. Was ist mit Ihnen, Frau Blaser?, schaltete ich mich in das Zwiegespräch. Sollten Sie vielleicht lieber gehen? Frau Blaser schien zu überlegen. Ich drehte mich zu Frau Ott: Schließlich wollten Sie etwas über die neutrale Elektrode wissen. Aber nein, Frau Ott winkte lachend ab, was interessiert mich denn die neutrale Elektrode! Mich erst, murmelte ich. Sie sollen uns doch nur einen kleinen Gefallen tun, und Frau Ott zeigte mit der rechten Hand einen minimalen Abstand zwischen Daumen und Zeigefinger. Einen Gefallen? – ich atmete tief ein. Wir werden nicht mehr so viel erleben, sagte sie. Und kein Rendezvous mit dem Doktor haben, Frau Blaser betrübt. Sie aber sollen es haben, sagte Frau Ott so, als würde sie für mich den Platz räumen. Ich soll es haben? Ja, sagte Frau Ferdinand. Und uns dann davon erzählen, meinte Frau Ott. Und was ist, wenn ich kein Rendezvous mit Dr. Winter haben will? Warum sollten Sie kein Rendezvous mit Dr. Winter haben wollen, meinte Frau Ott. So ein interessanter Mann, zählte Frau Ott einen ihrer Gründe auf, und Sie sind schließlich eine junge Frau – Danke für das interessant, murmelte ich. Alles spricht für ein Rendezvous. Ich kenne ihn doch gar nicht, erwiderte ich. Darauf brachen Frau Ott, Frau Ferdinand und Frau Blaser in ein schallendes Gelächter aus. Hören Sie, sagte ich, eigentlich warte ich auf meine Entlassung. Uns ist aber langweilig, sagte Frau Ott. Nichts weiter als meine Entlassung. Wir warten alle auf die Entlassung, meinte Frau Ott – Ich nicht, war von gegenüber zu hören –, aber bis dahin, und Frau Ott führte beide Hände ans Herz. Es gibt auch so etwas wie Vorschriften, versuchte ich es nun. Vorschriften? Die Frauen sahen mich verständnislos an. Ein Arzt darf sich nicht mit einer Patientin – sie sahen mich erwartungsvoll an, ich brach ab und murmelte: anfreunden. Wer spricht denn von Anfreunden!, rief Frau Ott aus. Er darf auch keine Liebesbeziehung unterhalten, entschied ich mich für klare Worte. Das bemerkt doch keiner, beruhigte mich Frau Ott. Keiner? Ja, wir drei erzählen doch so etwas nicht herum, meinte Frau Blaser. Darum geht es nicht, sagte ich, es ist, und ich dehnte das Wort, verboten. Also, ich verstehe die Jugend von heute überhaupt nicht mehr, schüttelte Frau Ott ihren Kopf. Dr. Winter darf das nicht, sagte ich wieder. Der Reini schon, meinte Frau Blaser. Nicht schon wieder, stöhnte Frau Ferdinand. Was haben Sie gegen meinen Reini? Ums Dürfen geht es doch in der Liebe nicht, Frau Ott zu mir. Es geht ums Wollen, das habe ich dem, na, wie hieß er noch gleich? – Poldi, half ich aus – damals auch erklärt. Ja, sagte Frau Blaser, und der Reini will, bestimmt. Bestimmt, wiederholte ich. Aber Dr. Winter auch, meinte Frau Ferdinand. Exakt, Frau Ferdinand, Frau Ott darauf. Und wer sagt uns, dass Dr. Winter will?, fuhr sie mit einer ihrer rhetorischen Fragen fort. Das sieht man, sagte Frau Ferdinand, die sich doch kaum aufrichten konnte. Ganz genau, sagte Frau Ott. Woran soll man das bitte sehen?, fragte ich. Man spürt das, sagte Frau Ferdinand, plötzlich sehr ernst. Aber was ist, wenn man sich irrt? Sich irrt, sich irrt, Frau Ott winkte ab. Das merkt man früh genug. Wer sagt, dass ich überhaupt irgendein Interesse an Dr. Winter habe? Die Frauen warfen sich einen vielsagenden Blick zu. Woher wollen Sie das wissen!, rief ich aus. Sie lächelten. Sie irren sich!, und ich stieg aus dem Bett. Was sie immer mit dem Sich-Irren hat, hörte ich Frau Ott sagen, als ich das Zimmer verließ. Ich floh in die Toilette. *Achtung, diese Toilette benützen auch Kranke!* Ich habe mich oft genug geirrt.

Warum wehren Sie sich eigentlich so gegen die Liebe?, überfiel mich Frau Ott, als ich wieder zurückkam. Ich wehre mich nicht, erwiderte ich. Doch, sie wehrt sich, kam es von Frau Blaser. Und Sie sollten wieder schlechter hören, dachte ich. Warum können Sie dann nicht einmal über die Liebe reden?, Frau Ott jetzt. Ich? Ja, Sie. Wer sonst. Wer sonst, dachte ich. Sie haben noch nie etwas über die Liebe gesagt. Ich bin erst seit kurzem hier, verteidigte ich mich. Eben das ist der Unterschied, Frau Ott legte eine Pause ein, bevor Sie weitersprach. Sie haben noch nie etwas über die Liebe gesagt, wir aber schon. Gut erkannt, dachte ich. Nicht einmal einen Pieps haben Sie von sich gegeben, rückte Frau Blaser als Frau Otts Verstärkung an. Jetzt übertreiben Sie aber, sagte ich. Sie untertreibt, erwiderte Frau Ott. Vielleicht hat sie zu wenig geliebt?, mutmaßte Frau Blaser. Oder zu viel?, sagte da Frau Ferdinand. Oder gar nicht, wer weiß, meinte Frau Blaser zu Frau Ott. Ich werde es schon wissen, erwiderte ich. Oder, sagte Frau Blaser zu

Frau Ott, meine Antwort übergehend, vielleicht hat das Küken nur schlechte Erfahrungen gemacht. Die werde ich ausgerechnet hier zum Besten geben, dachte ich und sah aus dem Fenster. Erzählen Sie doch mal! Ich drehte den Kopf in den Raum – und schwieg.

In der Liebe kann man nicht nur warten, Frau Ott zu mir. Der Ludwig zum Beispiel – Der Ludwig?, fragte Frau Blaser –, der war ein Prachtexemplar von einem Mann. Wenn ich mich da so aufgeführt hätte wie Sie, wäre der mir garantiert durch die Lappen gegangen. Und das wäre jammerschade gewesen, der war nämlich sensationell gut aussehend, zum Wahnsinnigwerden! Der Bruno, der hat mich auch wahnsinnig gemacht, meinte Frau Blaser. Der Ludwig, der hatte außerdem das gewisse Etwas. Das gewisse Etwas?, fragte Frau Blaser. Ja, wie unser Dr. Winter. Der Bruno hatte das auch, sagte Frau Blaser darauf. Das glaube ich kaum, Frau Ferdinand murmelnd. Ich hab jetzt ein Hörgerät, mit dem ich hören kann, rief Frau Blaser beleidigt. Ja, der war wirklich besonders, der Ludwig, schwärmte Frau Ott weiter. Ein Meister in der Liebe war der! Und ein wahres Genie, o ja, da könnte ich Ihnen was erzählen! Ein anderes Mal, sagte Frau Ferdinand. Erzählen könnte ich Ihnen da was, wiederholte Frau Ott. Der Bruno, der war auch manchmal ein Genie, also nur selten, aber das ist dann richtig aufgefallen. Und das war natürlich, bevor er beim Rasenmähen ausgerutscht ist. Ja, so ein Mann wie der Ludwig wäre mir entgangen, wenn – Frau Ott sah mich ernst an –, wenn ich mich nicht getraut hätte.

Das soll ich uns vom Abou bringen, rief Frau Ott in der Früh quer durch den Raum. Ich streckte mich. Dem Abou, dem geht's miserabel, sagte sie. Ich hielt inne. Der hat Fieber. Aber die Pistazien hat er nicht vergessen, die hat er mir für uns mitgegeben, sagte sie und deponierte die Pistazien auf ihrem Nachttisch. Die sind aber nicht nur für Sie, Frau Blaser sogleich. Sie werden schon nicht zu kurz kommen, keifte Frau Ott, und zu Frau Ferdinand: Die Frau Blaser glaubt immer, sie sei die Allerärmste. Der Allerärmste ist der Abou, meinte Frau Blaser. Aber dann komm gleich ich, fügte sie hinzu. Wie wäre es mit mir, dachte ich. Ich habe den Winter übrigens am Gang getroffen, sagte Frau Ott, und sie drehte sich zu mir: Wann gehen Sie zu ihm? Ich zuckte mit den Schultern. Die Schwester Beatrice hätte den Winter schon zum Schmelzen gebracht. Und ich würde sowieso schon längst mit ihm auf der Hollywoodschaukel sitzen. Also? Ich warte auf das Zeitfenster, murmelte ich. Sie müssen das selber öffnen, meinte Frau Ott, und sie fügte hinzu: An Ihrer Stelle würde ich mich nicht so bitten lassen. So jung und schon hier. Keine einzige Gelegenheit würde ich da auslassen. Ja, Frau Blaser eifrig nickend, keine einzige Gelegenheit, und sie betonte, keine einzige. Das Leben muss man genießen, bevor es vorbei ist, tönte Frau Ott. Aber er sieht mich doch nicht einmal an, wenn er mich abhört, erwiderte ich, und ich dachte an den Blick, der keiner war, weil die Intimsphäre der Patienten gewahrt werden sollte. Die Damen waren nicht so zimperlich mit der Intimsphäre. Frau Ott erklärte: Der Alois ist am Anfang auch immer meinem Blick ausgewichen. Alois?, fragte Frau Blaser beinahe verzweifelt. Ja, sagte Frau Ott und fügte hinzu: Ein kurzes Zwischenspiel. Aber mit langer Vorgeschichte. So, sagte Frau Blaser. Der war schwer zu knacken, der Alois. Hat so getan, als würde ich ihn nicht interessieren. Obwohl er im selben Büro gesessen ist. Hätt einer Arbeitskollegin nur einmal der Reini gefallen, sagte Frau Blaser und seufzte. Genug Umschulungen hat er doch gemacht. Das sagt alles, wenn dich einer überhaupt nie ansieht, zwinkerte Frau Ott mir zu. Ich habe mir beim Alois sofort gedacht: Nanu, den muss es richtig erwischt haben. Ja, und so wollte ich ihn auch erwischen. Unbedingt wollte ich, dass er mich ansieht – und das habe ich dann auch erreicht, sagte Frau Ott stolz. Warum er mich dann aber gar nicht mehr aus den Augen gelassen hat, das habe ich nicht verstanden. Pausenlos hat der mich auf einmal ansehen müssen. Und so ist es eben kurz geblieben, das Zwischenspiel, sagte Frau Ott. Er hat dann sogar den Arbeitsplatz gewechselt, nachdem ich ihn verlassen habe, weil er das nicht ertragen hat, mich weiterhin zu sehen. War ich froh, dass ich ihn nicht mehr sehen musste! Deswegen, Frau Ott zu mir, sage ich Ihnen: Wenn der Dr. Winter Sie nicht ansieht, ist das nur ein gutes Zeichen! Ich hätt da noch einmal eine Frage zum Zwischenspiel, meldete sich Frau Blaser wie eine Schülerin. Bitte?, Frau Ott huldvoll. War der Otti davor oder danach? Der Alois war dazwischen, sagte Frau Ott. Frau Blaser sah sie mit großen Augen an. Die Liebe hat viele geheimnisvolle Seiten, meinte Frau Ott. Und so eine Ehe ist halt lang. Ja, erwiderte Frau Blaser, die mit dem Bruno hat ewig gedauert. Die unterschiedlichsten Facetten hat die Liebe, bekräftigte Frau Ott. Den Ludwig, meinen Otti oder die Mutti zum Beispiel, alle habe ich geliebt, aber alle habe ich eben verschieden geliebt. Frau Ferdinand gab einen Seufzer von sich. Frau Blaser sagte: Den Alois haben Sie schon vergessen!, so als wäre sie der Alois. Sie haben doch Ihren Erich und Ihren Georg auch unterschiedlich geliebt, Frau Ott zu Frau Ferdinand. Das kann man nicht vergleichen. Nur zwei Männer kann man vergleichen, und Frau Ferdinand seufzte wieder. Oder zwei Kinder, sagte Frau Blaser, das hat der Bruno zumindest gemacht. Der hat die Ursl und den Reini verglichen – und dann unterschiedlich geliebt. Ich glaub, das hat der Reini nicht verstanden. Aber der Reini hat ja andererseits auch alles verloren und so, die Geschichte mit der Kontaktlinse, hab ich die schon erzählt? Frau Ott nickte in Windeseile. Und der Reini ist ja trotzdem ein ausgezeichneter Vogelstimmenkenner geworden. Sie haben ja den Reini gleich viel geliebt, sagte Frau Ott. Ja, antwortete Frau Blaser stolz, vielleicht ist es auch ein bisschen mein Verdienst, dass der Reini so ein ausgezeichneter Vogelstimmenkenner geworden ist.

Trotzdem, sagte Frau Ott, man tut der Liebe unrecht,

wenn man sie nur auf ein Gefühl reduziert. Das hat der Alois bestimmt genauso gesehen, meinte Frau Ferdinand. Der Alois, der war ja nur ein Reservemann, erwiderte Frau Ott. Deswegen hat er auch den Arbeitsplatz gewechselt, versetzte Frau Ferdinand darauf. Ja, sagte Frau Ott, es wendet sich immer alles zum Guten. Und so wird, Frau Ott nun zu mir, auch der Dr. Winter Sie noch genauso ansehen wie der Alois mich. Aber nicht, dass er dann auch den Arbeitsplatz wechseln muss, murmelte Frau Ferdinand. Das Küken sollte auch einen in Reserve haben, strahlte Frau Blaser, die ihre Stunde kommen sah. Den Reini zum Beispiel. Zum Beispiel, dachte ich. Der ist der perfekte Reservemann. Oder? Frau Blaser stupste mich an. Ja, der perfekte Reservemann, sagte ich matt. Und dachte: Immerhin jetzt nur noch Reserve.

Die habe ich heute im Garten gepflückt, hörten wir im selben Augenblick. Reini!, rief Frau Blaser eine Spur zu hoch. Was für eine Überraschung! Wir haben in dem Moment von dir gesprochen, stimmt's? Was du für interessante Studien über Vögel machst, hab ich gerade erzählt. Reini hielt einen kleinen Blumenstrauß in der einen, in der anderen Hand eine Leinentasche. *Ich kann Vieles tragen* stand auf ihr. Er löste sich von der Tür und steuerte Frau Blasers Bett an. Ein Gruß aus unserem Garten, freute sich Frau Blaser, und Reini stellte das Sträußchen Wiesenblumen in ein hohes Glas, das beim Waschbecken gestanden hatte. Was hast du denn in der Tasche?, Frau Blaser neugierig. Reini zog langsam etwas heraus. Das glaub ich nicht, rief Frau Blaser außer sich. Das Vogelhäuschen! Das Vogelhäuschen, sagte ich heiser. Ja, das Vogelhäuschen!, wiederholte Frau Blaser. Wer hätte das gedacht, war Frau Ferdinand zu hören. Also, Reini, du bist wirklich ein kleiner Schlingel! Kaum dass die alte Mutter aus dem Haus ist, findest du plötzlich alles! Reini lief rot an. Jetzt setz dich doch zwischen uns – Frau Blaser deutete von ihrem Bett zu meinem –, du hast doch das Vogelhäuschen sicher nicht nur mir mitgebracht. Reini setzte sich auf meinen Besucherstuhl. Auf seine knochigen Knie legte er das Vogelhäuschen. Gib's doch einmal her, bat Frau Blaser. Reini stand plötzlich wieder auf. Aber Reini, ich dachte, du willst uns das Häuschen auch erklären, sagte Frau Blaser. Erklären?, dachte ich und sah auf das Vogelhäuschen, das aus vier Stützen und einem leicht lädierten Dach bestand. Reini stellte das Vogelhäuschen auf den Boden ab – ganz so, als ob er uns nicht trauen würde –, nahm die Leinentasche, die er an Frau Blasers Bettende gehängt hatte, öffnete sie und holte jetzt einen zerkratzten Discman heraus. Ach so, Frau Blaser erleichtert, die Kassette. Die Audio-CD, sagte Reini, und es war das Erste, was bisher von ihm zu hören gewesen war. Er ließ sich wieder auf dem Stuhl nieder, nahm das Vogelhäuschen erneut auf seine Knie und – setzte sich die Kopfhörer auf. Zum Vogelhäuschen braucht es natürlich Vogelstimmen, sagte Frau Blaser, und zu mir: Der Reini sucht für Sie sicher eine besonders schöne. Reini schloss die Augen. Bestimmt hat er sie gleich, Frau Blaser aufmunternd. Reini ließ die Augen geschlossen. Frau Blaser lächelte mir zu. Bestimmt, dachte ich. Reini saß mit geschlossenen Augen kerzengerade auf dem Stuhl und bewegte sich nicht. Frau Blasers Lächeln wurde unsicher. Ich sah sein Gesicht an: Sein rechtes Augenlid zuckte in regelmäßigen Abständen. Er meditiert, sagte Frau Blaser schließlich mit belegter Stimme. Das sollten wir vielleicht auch öfter machen, sagte Frau Ott. Das fehlte noch, dachte ich – und als ob Reini meinen Gedanken gelesen hätte, öffnete er die Augen, setzte die Kopfhörer ab und reichte sie mir. Seine blassen Hände zitterten unmerklich. Na, worauf warten Sie noch!, Frau Blaser zu mir. Ich setzte zögernd die Kopfhörer auf. Der Schaumstoff war angewärmt von seinen Ohren, die rötlich leuchteten. Ich höre nichts, sagte ich. Reini drückte auf eine Taste, und mir sang eine ganze Vogelgemeinde ins Ohr. Da saß ich, im Damenzimmer N° 5, es war ein strahlender Tag, Frau Blaser sah so glücklich aus, wie ich sie noch nie gesehen hatte, Frau Ott blickte mich neugierig an, auch Frau Ferdinand hatte sich aufgerichtet, nur Reini traute sich nicht, den Kopf zu heben. Auf meine Entlassung warte ich. Warte ich? Eine monotone Stimme sagte: *Das Rotkehlchen hat eine leuchtend rostrote Kehle, Stirn und Brust. Die Oberseite ist olivbraun, der Bauch hell. Seine großen Augen haben etwas Rührendes. Bekannt ist es für seinen wehmütig klingenden Gesang. Vierzehn Zentimeter ist die durchschnittliche Körpergröße eines Rotkehlchens, es wiegt selten mehr als achtzehn Gramm. Unterschied-*

lich ist das Zugverhalten: Manche ziehen fort, andere bleiben im Winter – und verschiedene Aufnahmen des Rotkehlchens folgten. Reini wagte einen Blick. Er hat schöne Augen, dachte ich. Wäre er Arzt, würde das sicher bemerkt werden. Er bedeutete mir, die Lider zu schließen. Zögernd schloss ich diese – und öffnete sie im nächsten Moment wieder. Reini sah mich aufmerksam an, während ich weiter dem Gesang lauschte.

Ich bemerkte nicht, dass noch jemand das Zimmer betreten hatte. Nur an Reinis Gesichtsausdruck nahm ich eine plötzliche Veränderung wahr. Ich drehte den Kopf. Dr. Winter lächelte mich an. Ich nahm die Kopfhörer ab. Ich hätte jetzt einen Augenblick Zeit, wenn Sie wollen, meinte Dr. Winter. Aber natürlich will sie, Frau Ott bestimmt, und schon beugte sie sich zu meinem Bett und versuchte, die Decke ein wenig wegzuziehen. Reini sah mich enttäuscht an. Frau Blaser so, als wollte sie sagen: Es kann auch der Winter der Reservemann sein. Ich komme schon, murmelte ich, stand langsam auf, warf mir ungeschickt einen Bademantel über und ging neben Dr. Winter hinaus. Ich spürte, wie uns Reini nachsah. Na endlich, hörte ich Frau Ott sagen, als wir aus dem Zimmer traten.

Kommen Sie nur, sagte Dr. Winter – und wir gingen den Gang entlang. Ich kam mir seltsam vor, in Nachthemd, Bademantel und Pantoffeln neben diesem Mann herzugehen. Am Ende des Gangs sperrte er eine Tür auf: Hereinspaziert, sagte er. Ich trat in ein geräumiges Zimmer, lichtdurchflutet, mit Bücherregalen vom Boden bis zur Decke an der Rückwand. Ein alter Schreibtisch stand in der Mitte, schräg in den Raum hinein. Der Blick fiel in den gleichen Teil des Parks, in den man vom Damenzimmer N° 5 aus sehen konnte. Sieben Fenster weiter rechts liegen Sie, sagte Dr. Winter und lächelte. Ich ging an das rechte Fenster und sah hinaus. Ich mag besonders die Esche, sagte er, und ich spürte, wie er an mich herantrat. Ja, sagte ich, und ich zweifelte, ob ich den richtigen Baum ansah. Er beugte sich vor und schob das Fenster weiter auf. Dabei streifte sein Arm meinen Ellbogen. Vogelstimmen. Ich dachte an Reini. Dr. Winter hatte sich wieder aufgerichtet. Er musste einen Schritt zurückgetreten sein, denn er stand weiter entfernt als zuvor. Ich drehte mich zu ihm. Er war fast um einen Kopf größer. An der linken Schläfe trat eine Ader deutlich heraus. Mein Blick blieb am Hals haften. Die Haut war an einer Stelle rissig. Sie sind Restauratorin? Ich hob den Kopf. Ja, sagte ich überrascht. Hat mir eine der Damen verraten. Das habe ich mir fast gedacht, antwortete ich. Das muss ein schöner Beruf sein, meinte er. Ich nickte. Nur Höhenangst darf man wohl keine haben. Das ist von Vorteil, sagte ich. Dann wäre das nichts für mich, meinte Dr. Winter. Sie haben Höhenangst? Ja, sagte er. Man kann sie abbauen, erwiderte ich nur. Er schwieg. Ich hätte Angst, ein Herz zu operieren, versuchte ich es wieder wettzumachen. Die Höhenangst steht mir dabei glücklicherweise nicht im Wege, sagte er, und jetzt lachte er wieder. Wollen Sie sich nicht setzen? – und Dr. Winter wandte sich zum

Schreibtisch. Ich nahm auf dem Sessel gegenüber Platz. Er setzte sich auf einen alten Drehsessel aus Holz. Sie wollten etwas über die Sonde wissen?, Dr. Winter zu mir. Ich nickte. Er stand auf, ging zu einem der Bücherregale und schlug das Buch an einer vorgemerkten Stelle auf. So sieht eine Sonde aus, sagte er, und dann begann er mir über die Geschichte der Herzkatheteruntersuchungen zu erzählen: Der Medizinstudent Forßmann hat sich 1929 in einem Selbstversuch einen Katheter über die Armvene bis in die rechte Vorkammer des Herzens geschoben. Ich blickte ihn an. Um die Huskyaugen kleine Lachfalten und zwischen ihnen eine Sorgenfalte. Und elf Jahre später führten Cournand und Richards zum ersten Mal einem Patienten einen Katheter in das Herz ein. Ich nickte zu seinen Ausführungen, während mein Blick von den hellen Augen, eingerahmt von dunklen langen Wimpern, über die Nase glitt, den leicht unebenen Nasenrücken entlang, und auf die schön geschwungenen Lippen fiel. Dort blieb er liegen. Vielen Dank, sagte ich irgendwann. Gerne, sagte Dr. Winter. Eine Pause entstand. Ich nestelte an meinem Bademantel. Eine Strähne war ihm ins Gesicht gefallen. Ich versuchte, die Schlaufe noch einmal zu binden. Er strich sich die Strähne zurück. Es kann jetzt nicht mehr lange dauern, sagte er. Sie werden bald nach Hause gehen können. Nach Hause? Ja, sagte Dr. Winter. Ich erhob mich langsam. Wenn Sie weitere Fragen haben, sagte Dr. Winter. Soll ich auf die Wette einsteigen?, dachte ich, und laut sagte ich: Dann weiß ich ja, wo ich Sie finden kann. Dr. Winter nickte und sagte: Kommen Sie, wann immer Sie wollen. Endlich war es mir gelungen, meinen Bademantel ordentlich zuzubinden.

Und?, zwitscherten Frau Ott und Frau Ferdinand im Chor, als ich zurückkam. Der Reini ist schon gegangen, Frau Blaser bedauernd. Ich glaube, ich habe ihn auf dem Gang noch gesehen, sagte ich und bemerkte das Vogelhäuschen, das nun am Fensterbrett stand. Ich setzte mich aufs Bett. Sagen Sie schon, verlangte Frau Ott ungeduldig. Er hat mir die Sonde erklärt, ich darauf. Und sonst? Sonst nichts, antwortete ich. Sonst nichts? Ich nickte. Frau Blaser schien erleichtert. Sie haben die Wette nicht vergessen?, fragte Frau Ott. Die Wette haben Sie ohne mich abgeschlossen, erinnerte ich sie. Aber in Ihrem Sinne, meinte Frau Ott. Ja, sagte Frau Blaser, Sie würden schon kein schlechtes Paar abgeben. Nur ein bisschen groß ist er für sie. Da passen Sie besser mit dem Reini zusammen. Noch ist nicht aller Tage Abend, hat die Mutti immer gesagt, meinte Frau Ott im Hinblick auf die Wette. Ja, wiederholte Frau Blaser voller Hoffnung, noch ist nicht aller Tage Abend. Ich legte mich im Bett zurück. Dass zum Beispiel der Reini tatsächlich ein Vogelhäuschen gebracht hat, strahlte Frau Blaser überglücklich. Ja, das hätte hier niemand für möglich gehalten, sagte Frau Ferdinand. Den Reini sollte man nicht unterschätzen, erwiderte Frau Blaser sofort. Der wirkt auf den ersten Blick ein bisschen – Frau Blaser suchte nach dem passenden Wort, und wir bissen uns alle auf die Zunge. Ein bisschen eben, sagte

Frau Blaser, aber dabei ist er wie alle anderen. Und kochen kann er auch, fiel Frau Blaser ein, und sie sah zu mir. Da bin ich aber froh, sagte ich. Der Dr. Winter ist sicher auch ein guter Koch, sagte Frau Ott, Ärzte sind ja geschickt, die machen viel mit den Händen. Das Vogelhäuschen hat der Reini ganz alleine gemacht, betonte Frau Blaser. Ich schloss die Lider. Die Lachfalten um seine hellen Augen – ich mochte sie. Ich glaube, um die Wette steht es gar nicht so schlecht, hörte ich Frau Ott. Ich mochte den leicht unebenen, steilen Nasenrücken. Ich wäre mir da nicht so sicher, rief gleich darauf Frau Blaser. Ich mochte die ausgeprägte Lippenwölbung mit der tiefen Furche. Doch, wir werden die Wette gewinnen, Frau Ott ruhig. Was heißt schon gewinnen, sagte Frau Ferdinand. Das Herz der Oberlippe.

Ein Engel geht durchs Zimmer, sagten die Augen von Frau Ott. Dr. Winter sagte besorgt: Der Perikarderguss geht langsamer zurück als gedacht, das hat die neue Echokardiographie gezeigt. Sie müssen weiter unter Beobachtung bleiben. Das kann man wohl sagen, dachte ich und sah in die Gesichter der Frauen. Sie können ihr jetzt Blut abnehmen, trug er Schwester Beatrice auf. Sie band mir mit saurer Miene den Arm ab, desinfizierte die Stelle und zapfte das Blut in eine kleine Kanüle. Gegen Mittag werde ich den Chefarzt wegen weiterer Therapiemaßnahmen konsultiert haben, er unterdessen zu mir, ich würde Sie bitten, dann bei mir vorbeizukommen. Gut, sagte ich. Schwester Beatrice klebte ein Pflaster auf die Einstichstelle. Ihr subjektives Empfinden ist nicht schlechter geworden, oder?, erkundigte sich Dr. Winter und griff nach meinem Handgelenk. Ich schüttelte den Kopf. Während er nach dem Puls tastete, tastete ich mit den Augen sein Gesicht ab. Er nickte zufrieden und ließ meine Hand los. Für einen Moment stand er selbstvergessen an meinem Bett. Und wir?, Frau Blaser, die uns beobachtet hatte. Wann müssen wir nach Hause? Sie, er drehte schnell den Kopf zu ihr, Sie werden sich auch noch gedulden müssen, sagte er. Die Medikamente könnten aber schon weniger sein, meinte Frau Ott. Das werden sie auch, versprach Dr. Winter. Doch im Moment ist an eine Reduktion nicht zu denken, vor allem nach einer Herzklappenoperation ist die Einnahme der Medikamente zur Vorbeugung einer bakteriellen Infektion unumgänglich. Aber die neuen sind da viel effektiver, sagte er. Ich will gar keine Medikamente, murmelte Frau Ferdinand. Ohne die Medikamente würde es Ihnen viel schlechter gehen, gab Dr. Winter zu bedenken, und das wollen wir ja alle nicht. Das stimmt, sagte Frau Ott. Er wandte sich an sie und ging gründlich ihre Patientenmappe durch, dann die der anderen, darauf verabschiedete er sich. Als er die Tür aufmachte, stand Onkel Gustav dahinter.

Ich wollte gerade klopfen, sagte er. Onkel Gustl? Ja, wen sehe ich denn da!, Frau Ott entzückt. Onkel Gustl lüpfte seinen Strohhut: Einen schönen Tag, Herr Doktor!, und er drehte sich zu uns: Die Damen! Wo ist denn die Tante? Ach, die musste zum Arzt, sagte Onkel Gustl. Die Tante zum Arzt? Jaja, sagte Onkel Gustl. Und du? Ich muss doch nicht zum Arzt, erwiderte Onkel Gustl. Ich muss ins Krankenhaus, und er lachte. Er kam an mein Bett. Ein Engel der anderen Art, dachte ich. Ich habe dir was mitgebracht, sagte er und überreichte mir eine kleine Pralinenschachtel. Das ist nett. Er nahm mir die Schachtel wieder aus der Hand, öffnete den Deckel und drehte sich weg: Eine der Damen Lust auf Naschen? Pralinen, das ist eine schöne Abwechslung, sagte Frau Ott und griff gleich zu. Ich will auch!, Frau Blaser sofort. Für jede der Damen gibt es genug, und Onkel Gustl ging zu Frau Blasers Bett. Während sie sich für eine Praline entschied, zeigte er auf die Vase auf ihrem Nachttisch: Wer hat denn die schönen Blumen gebracht? Die Frau Blaser wird halt verwöhnt, seufzte Frau Ott. Onkel Gustl machte sofort eine Drehung auf seinen Absätzen und bot Frau Ott die nächste Praline an. Rosen mag ich besonders gerne, sagte Frau Ott und nahm sich mit gespreizten Fingern eine Praline. Frau Ferdinand, rief Frau Blaser zu ihr, die müssen Sie probieren, köstlich! Ich mag nichts Süßes, brummte Frau Ferdinand. Dafür schmieren Sie sich aber den Honig ziemlich dick aufs Brot, Frau Blaser zu ihr. Ich, verkündete Frau Ott, ich mag's rund um die Uhr süß! Und Sie, Herr Gustav – ich darf Sie doch so nennen? –, wie haben Sie's rund um die Uhr gern? Also, stammelte Onkel Gustl mit heißen Backen, ich darf nicht zu viel. Ich schon, rief ich mich ins Gedächtnis zurück. Natürlich, und schnell reichte mir Onkel Gustl die Pralinen. Eine wird auch Ihnen nicht schaden, Herr Gustav! Die Gertrud sieht es ja nicht, murmelte Onkel Gustl, und schon landete eine Praline in seinem Mund. Mit Genugtuung registrierte es Frau Ott.

Mögen Sie auch so gerne Bowle wie ich?, wollte sie nun von ihm wissen und schwärmte: Beeren-Kirsch-Bowle! Onkel Gustl nickte. Und aß eine zweite Praline. Bevor ich eine weitere essen konnte, fragte Frau Ott: Sind noch welche da? Aber sicher, sagte Onkel Gustl und nahm mir wieder die Schachtel weg. Sie wollen keine mehr?, Frau Ott zu ihm. Doch, gerne, erwiderte Onkel Gustl, dankbar für die Aufforderung, und er gönnte sich eine dritte. Ein kleines Schokoladestück blieb an seinem Mundwinkel hängen. Sie haben da was, Frau Ott zu ihm. Und ihre Augen hafteten an seinem Mund. Schnell wischte er sich darüber. Frau Otts Augen noch immer auf seinen Mund gerichtet. Wollen Sie nicht noch eine?, fragte Onkel Gustl schnell. Oh!, war sie zu hören, das ist die letzte! Und artig zog sie ihre Hand zurück. Die ist natürlich für Sie, sagte Onkel Gustl. Warum stehen Sie denn eigentlich noch immer?, meinte Frau Ott und aß die letzte Praline. Wollen Sie sich nicht setzen? Onkel Gustl nahm auf Frau Otts Besucherstuhl Platz, der zwischen ihrem und meinem Bett stand – und drehte mir zu drei Vierteln den Rücken zu. Was lesen Sie denn da?, fragte er verlegen und öffnete nach der Pralinenschachtel jetzt die Büchse der Pandora. Ich lese Ihnen einmal was daraus vor, Herr Gustav. Das ist auch für jeden Mann wichtig zu wissen. Onkel Gustl löste den obersten Hemdknopf. Wenn Sie meinen, erwiderte er beunruhigt. Rücken Sie nur ein bisschen näher, damit Sie auch alles gut hören können, und sie schlug das Buch auf: *Um Liebe zu finden, muss man sich der Liebe auch aussetzen. Als reifer, erwachsener Mensch sollten Sie sich auch nicht der Erkenntnis verschließen, dass Probleme und Schwierigkeiten ein Teil der Liebe sind.* Onkel Gustls Blick bekam etwas Gestresstes. *Je mehr Liebe Sie ausdrücken, desto mehr Liebe werden Sie empfinden.* Er rutschte auf dem Sessel herum. *Man will Liebe doch ständig fühlen,* und Frau Ott hob den Kopf und sah Onkel Gustl erwartungsvoll an: Was sagen Sie dazu? Ich?, Onkel Gustl begann zu schwitzen. Ja, sagte

Frau Ott und sah ihn prüfend an. Vielleicht, und die Schweißtropfen rannen Onkel Gustl die Schläfe hinunter, vielleicht könnten Sie es noch einmal vorlesen. Wie hinreißend die Knopfaugen aussehen, wenn er schwer von Begriff ist, sagten Frau Otts Augen, und sie begann von neuem. Ihr Herr Gustav braucht sicher keinen Nachhilfeunterricht, raunte Frau Ferdinand. Frau Ott rümpfte die Nase: Das ist kein Nachhilfeunterricht, das ist Literatur, sagte sie. Und die Sophia kann übrigens nicht nur schreiben, Frau Ott zu Frau Ferdinand, sondern auch kochen – Sie essen doch bestimmt gerne, Herr Gustav? Onkel Gustl nickte eifrig, froh, dass es jetzt ums Essen ging. Hier, und Frau Ott blätterte im *Geheimnis meiner Schönheit* vor und tippte auf ein Bild, hier ist sie mit dem jugoslawischen Staatspräsidenten Tito in seiner Küche auf der Adria-Insel Brioni. Frau Ott las vor: *Ich verriet ihm die Geheimnisse einer guten Fleischsauce, und er revanchierte sich, indem er mich in die Mysterien einer Moussaka einweihte.* Also der Reini hat auch schon für den russischen Minister eine gute Fleischsauce gemacht, sagte Frau Blaser. Aber nicht für den Tito, Frau Ott, das Buch auf ihrem Schoß. Den Tito gibt es doch gar nicht mehr – Frau Ferdinand wollte die Diskussion von vornherein abkürzen. Ach, Tito, sagte Onkel Gustl so, als würde er einer Jugendliebe nachhängen. Ja, sie hat ihm auf Brioni eine Fleischsauce gekocht, Frau Ott zu ihm. Und der Witwe vom Mussolini Spagetti, sagte ich. Ich liebe Fleischsauce, Onkel Gustl darauf. Ich auch, Frau Ott begeistert über die Übereinstimmung. Und im Überschwang: Ich lese Ihnen eine noch bessere Stelle vor! Eine noch bessere, Onkel Gustl wurde schon nervös. Wieder über die Liebe?, fragte ich genervt. Na, dein Liebesleben ist ja auch nicht ohne!, Onkel Gustl hatte seine Chance erkannt. Ich wünschte augenblicklich die Tante herbei. Nicht ohne?, Frau Ott ließ sofort vom Buch ab. Ja, sagte Onkel Gustl. Wollten Sie nicht etwas vorlesen?, wandte ich mich an Frau Ott. Man weiß nie, wer gerade auf dem Karussell sitzt, Onkel Gustl flugs. Hauptsache, ich weiß es, zischte ich. Der Letzte war ja der Erste, bei dem es mal nach etwas Ernstem ausgesehen hat – auf etwas ganz Seltsames war der spezialisiert, was war das? Ikonenmalerei, ich zähneknirschend. Ikonenmalerei?, Frau Blaser entgeistert. Die Ikonen waren die Stars von damals, habe ich mir sagen lassen, Onkel Gustl glücklich, etwas so Gebildetes zum Thema beitragen zu können. Wann kommt er denn einmal vorbei, Ihr Spezialist?, wollte jetzt Frau Ott wissen. Er ist auf Forschungsreise, murmelte ich. Die Jungen heutzutage, die sind ganz unabhängig voneinander, sagte Onkel Gustl darauf, der eine liegt im Krankenhaus, der andere ist auf Forschungsreise. Kommt er bald zurück?, erkundigte sich Frau Blaser. Er kommt nicht zurück, erwiderte ich, zumindest nicht zu mir. Die Frauen blickten sich an. Dann war er eben nicht der Richtige, sagte Frau Ott, und sie fügte hinzu: Gott sei Dank haben Sie uns. Gott sei Dank, murmelte ich. Onkel Gustl sah von seiner Uhr auf: Gerne würde ich noch weiterplaudern, aber ich muss langsam zurück, und hastig nahm er seinen Strohhut. Ja, höchste Zeit, sagte ich. Onkel Gustl sah auf den Boden, als würde er etwas suchen. Herr Gustav, wenn Sie wieder einmal Ihre Nichte besuchen kommen, dann lese ich Ihnen mehr vor, sagte Frau Ott. Das wäre schön, antwortete Onkel Gustl, und geschwind verabschiedete er sich mit einem Küss die Hand! Danke für die Pralinen, rief ich ihm nach.

Ein Feinspitz, Ihr Onkel!, schwärmte Frau Ott. Diese Pralinen! Mir ist irgendwie flau, sagte Frau Blaser. Eine Bonbonniere muss mit Sorgfalt ausgesucht werden! Ob er sie geschenkt bekommen hat, argwöhnte ich. Ein echter Genießer halt, der Herr Gustav! Den Herrn Gustav hatte ich bis jetzt nur Leberkässemmeln genießen sehen. Zum Genießen braucht man Gespür und Talent, fuhr Frau Ott fort. Wie für die Reinigung. Und, fügte Frau Ott an, für die Männer. Sie müssen übrigens jetzt los, Sie wollen doch nicht zum Dr. Winter zu spät kommen, Frau Ott, als müsste ich in die Schule. Ich stand auf, zog den Bademantel langsam an und knüpfte ihn fest zu. Ich bin schon gespannt, was er mit dem Chefarzt da haben will, hörte ich Frau Blaser in meinem Rücken. Konsultiert heißt das, sagte Frau Ferdinand.

Ich zögerte, als ich vor seiner Tür stand. Ich komme gerade vom Chefarzt!, hörte ich seine Stimme hinter mir. Ich wandte meinen Kopf. Er winkte mit einer Mappe, kam heran, schloss die Tür auf und bat mich herein. Wir setzen die bisherige Therapie fort, informierte er mich. Ich wusste nicht, ob ich überhaupt noch bleiben sollte. Aber bitte!, er machte eine großzügige Geste zum Schreibtisch. Ich nahm Platz. Eine Weile sagte keiner von uns beiden etwas. Wartete er auf eine Rückfrage von mir? Ich fragte also: Und muss ich noch andere Medikamente nehmen? Im Moment nicht, sagte er und sah mich an. Sollte ich noch eine Frage haben? Dr. Winter strich sich durch das dunkle Haar. Ich drehte den Kopf zu den offenen Fenstern. Die Vogelstimmen drängten herein. Können Sie die einzelnen Vogelstimmen auseinanderhalten?, fragte ich also. Die Vogelstimmen auseinanderhalten?, Dr. Winter ein wenig amüsiert. Ja, sagte ich. Nein, sagte er und schüttelte den Kopf. Ich auch nicht, murmelte ich, aber ich würde es gerne. Ich würde so vieles gerne, Dr. Winter darauf und, zweifelnd: Ob Vogelstimmen erkennen da auf meiner Liste an erster Stelle stehen würde, weiß ich allerdings nicht. Ich höre die Vögel gerne, erwiderte ich, und mich störte, dass er das Wort Liste gebraucht hatte. Ich höre Sie gerne, sagte er leise. Die Vogelstimmen oder mich? Wieder stockte das Gespräch. Etwas schien einer einfachen Unterhaltung im Weg zu stehen. Dann suche ich wohl wieder meine Damen auf, sagte ich und erhob mich. Er stand ebenfalls auf und begleitete mich zur Tür. Einen Moment standen wir uns gegenüber. Ich sah auf die Furche über dem Herz der Lippenwölbung. Jetzt erst entdeckte ich die kleine Narbe, die sie zierte. Ich hätte sie berühren wollen, aber ich war keine Frau Ott. Er öffnete die Tür.

Drei Augenpaare starrten mich an, als ich das Zimmer betrat. Und? Die Therapie wird nicht geändert, sagte ich. Und sonst? Sonst? Ja, sonst, die Frauen ungeduldig. Sonst nichts, antwortete ich wie letztes Mal. Nichts? Ich nickte und legte mich ins Bett. Das gibt's doch nicht, sagte Frau Ott. Ich drehte den Kopf zum offenen Fenster. Die Vogelstimmen oder mich?

Da knistert es ja ordentlich, Frau Ott nach der Morgenvisite zu mir. Ja, sagte Frau Blaser, mir ist auch schon ganz warm. Die Sonne sticht herein, erwiderte ich. Das auch, sagte Frau Ott und setzte sich eine Sonnenbrille mit getigerten Bügeln auf. Das reinste Urlaubswetter, und sie streckte ihr Gesicht der Sonne entgegen. Wir sind hier nicht auf Capri, brummte Frau Ferdinand. Also ich fühle mich fast wie auf Urlaub, antwortete Frau Ott hinter den großen schwarzen Gläsern, und zu mir: Und Sie, nicht in Urlaubsstimmung? Urlaub vom Leben, war Frau Ferdinand zu hören. Als ich das letzte Mal im Urlaub war, hat's nur geregnet, aber da hat ja auch der Bruno noch gelebt, erzählte Frau Blaser. Mein letzter Urlaub, sagte Frau Ott, war total verpatzt. Und ich verstehe ja was von Urlaub. Ihr Onkel Gustl sicher auch, sie zu mir. Der Georg ist nach dem letzten Urlaub verlassen worden, Frau Ferdinand darauf. Der Bedauernswerte, sagte Frau Ott. Ja, sagte Frau Ferdinand, im Urlaub hat er die Belinda kennen gelernt. Das soll man ja nie machen, in Urlaub fahren, um seine Beziehung zu retten, meinte Frau Ott darauf gedankenverloren. Das geht garantiert schief. Wenn ich da eben an den Urlaub mit dem Helmut denke! Helmut?, fragte Frau Blaser fassungslos. Na, der mit der Kühlbox. Der mit der Kühlbox? Als der mein Gepäck gesehen hat, hat er ausgerufen: Das können wir unmöglich alles mitnehmen! Das brauche ich aber alles, habe ich erwidert. Der Helmut ist in eine Totenstarre gefallen wie ein Insekt. Das ist gar kein Problem, habe ich geschnaubt, den letzten Koffer zugemacht und das ganze Gepäck alleine zum Helmut seinem Opel getragen. Mehr als genug Platz ist da noch, habe ich gerufen und habe zuerst einmal die Kühlbox herausgestellt. Da hat der Helmut die Kühlbox genommen, ist mit hochrotem Kopf und komischem Blick zur Mülltonne gestapft, hat ihren Deckel aufgerissen, die Kühlbox geöffnet und den Inhalt kopfüber in die Tonne geleert. Na, den Rest vom Urlaub können Sie sich ja denken. Ich hätte ohnedies lieber eine Kreuzfahrt gemacht!

Sie reden vom Urlaub?, fragte die Schwester, die jetzt die Medikamente brachte. Waren Sie dieses Jahr schon weg?, erkundigte sich Frau Ott bei ihr. Ja, sagte die Schwester und teilte die Medikamente aus, im Salzkammergut. Dort ist der Bruno, mein Mann, immer so gern hingefahren, Frau Blaser zu ihr. Ja, sagte die Schwester, wer fährt dort nicht gerne hin. Sie blieb vor Frau Blasers Nachttisch stehen: Die Blumen lassen aber plötzlich ihren Kopf hängen! Ich will keine einzige Tablette mehr schlucken, sagte Frau Ferdinand. Die Hilfsschwester hat schon angekündigt, dass sie den Strauß nachher entsorgen wird, antwortete Frau Ott für Frau Blaser, die ganz woanders war: Dem Bruno ist das Salzkammergut über alles gegangen. Ja, das Salzkammergut und seine Seen, schwärmte die Schwester auch. Ich will einfach nur sterben, Frau Ferdinand simultan. Das Salzkammergut ist wirklich eine Perle, sagte die Schwester. Das Wetter war immer schlecht, erwiderte Frau Blaser. Ja, sagte die Schwester, wir sind nicht aus Zucker. Einfach nur sterben will ich. Also ich fahre lieber in den Süden, sagte Frau Ott und schluckte ihre Medikamente. Ich eigentlich auch, meinte Frau Blaser, aber das Salzkammergut war näher, und sie nahm das Wasserglas in die eine und die Pillen in die andere Hand. Frau Ferdinand, vergessen Sie nicht Ihre Medikamente!, wandte sich die Schwester an sie – und zu Frau Blaser: Im Salzkammergut kann man herrlich wandern gehen. Ja, Frau Blaser schluckte hinunter, ich hab mir schon einmal den Fuß verstaucht. Frau Ferdinand, worauf warten Sie denn! Und die Italiener verstehen was von der Liebe, schweifte Frau Ott in den Süden ab. Italien, das wär einmal was gewesen, sagte Frau Blaser. Sie müssen diese Medikamente nehmen, Frau Ferdinand, meinte die Schwester nun streng. Seien Sie nicht immer so widerspenstig, rief Frau Ott hinüber, man will Ihnen doch nur helfen! Das ist keine Hilfe, antwortete Frau Ferdinand. Wir nehmen sie ja auch, sagte Frau Blaser. Frau Ferdinand presste die Lippen aufeinander. Jaja, die Sonne Italiens, die Schwester unterdessen angetan. Frau Ferdinands erbittertes Gesicht in das weiche Vormittagslicht getaucht. Ihr Körper braucht das, Frau Ott zu Frau Ferdinand. Frau Ferdinand schüttelte stumm den Kopf. Da kann man ordentlich Farbe bekommen, meinte die Schwester und hielt jetzt Frau Ferdinand die Medikamente hin. Frau Ferdinand tippte mit ihrem knorrigen Finger auf sich:

Das ist mein Körper! Frau Ferdinand, entgegnete die Schwester, solange Sie da sind, ist es unsere Verantwortung! Frau Ferdinand musste es schlucken. Und ein Sandstrand ist halt ein Sandstrand, schloss die Schwester nahtlos an, die Perle des Salzkammerguts jetzt gänzlich aus den Augen verlierend. Ja, erwiderte Frau Blaser, und die Seen im Salzkammergut waren alle eiskalt. Na, Frau Ferdinand, sagte die Schwester, war doch gar nicht so schlimm. Wenn man will, geht alles besser. Ich schlug die Decke zurück, zog den Bademantel über und verließ den Raum. Schauen Sie nur auf den Gang hinaus, rief mir Frau Ott nach, und stellen Sie sich am besten vor, Sie stehen an einer Reling!

Die Fenster am Gang standen offen. Das Blassblau der Wände, da und dort abgeblättert, vermittelte nicht gerade das Flair eines Luxusdampfers. Ich stellte mich an ein Fenster und blickte hinaus. Kein Sandstrand. Nur Pavillons. Und Verantwortung.

Schon wieder die Vögel?, hörte ich seine Stimme. Ich drehte den Kopf. Ich habe mich gefragt, was in den anderen Gebäuden untergebracht ist, sagte ich. Dort drüben sehen Sie die Onkologie und dort die gynäkologisch-geburtshilfliche Abteilung. Und die Urologie?, fragte ich zu meiner eigenen Überraschung. Er sah mich erstaunt an. Sie liegt auf der anderen Seite, sagte er nur. In seinem Rücken sah ich Schwester Beatrice aus dem Schwesternzimmer treten. Sie blickte in unsere Richtung. Kommen Sie doch bitte heute Nachmittag vorbei, sagte er nun. Die Blutwerte liegen mir dann schon vor.

Ich nickte. Schwester Beatrice steuerte auf uns zu. Na, dann will ich Sie nicht weiter stören, sagte er und wandte sich zum Gehen. Ah, Schwester Beatrice, Sie kommen wie gerufen!, und mit ihr etwas besprechend verschwand er. Herr Aboubakar war im Gang aufgetaucht und schaute beiden nach.

Und, rief mir Frau Ott entgegen, als ich zurückkam, haben Sie Delphine gesehen? Ja, sagte ich, einen.

Als ich kurz vor fünfzehn Uhr wieder auf den Gang hinaustrat, stieß ich mit Reini zusammen. Ich grüßte flüchtig. Sie gehen gerade?, fragte Reini enttäuscht. Ich sah ihn überrascht an. Es war das erste Mal, dass er mich persönlich ansprach. Ihre Mutter wird sich freuen, sagte ich schnell. Ich wollte nur kurz Hallo sagen, meinte er und sah mich an, als wollte er mir Hallo sagen. Ich blickte zu Dr. Winters Tür am Ende des Gangs. Reini rührte sich nicht. Ich schaue mal weiter, sagte ich, als stünde ich auf einer Einkaufsstraße. Weiter?, fragte Reini. Ja, sagte ich und ging den Gang entlang. Ich spürte Reinis Blick im Rücken. Als ich vor Dr. Winters Tür ankam, drehte ich mich um. Reini stand noch immer da. Ich klopfte. Da verschwand Reini im Damenzimmer.

Die Sonne geht auf, rief Dr. Winter theatralisch und gleichzeitig gehemmt. Mit älteren Damen redet er leichter, dachte ich. Kommen Sie herein! Ich schloss die Tür und blieb unschlüssig im Raum stehen. Er konzentrierte sich auf Papiere am Schreibtisch. Die Blutwerte sind nicht ganz zufriedenstellend, sagte er. Das heißt?, fragte ich. Das heißt, dass Sie noch nicht nach Hause gehen dürfen. Der Kratzer auf der Innenseite seines Oberarms war mir vorher gar nicht aufgefallen. Aber machen Sie sich keine Sorgen, sagte er. Das Rot leuchtete auf der Winterhaut. Wir kriegen das in den Griff. Ich war näher gekommen. Er stand auf und ging zum Fenster. Reden wir jetzt über die Vögel oder vielleicht die Esche?, fragte ich mich. Er wollte etwas sagen, aber verstummte wieder. Wenn man will, geht alles besser, dachte ich. Dr. Winter? Ich drehte mich zu ihm. Leicht öffnete er den Mund. Ich sah auf die Wölbung seiner Lippen. Er sagte nichts. Stattdessen ging er an den Schreibtisch zurück und blätterte wieder in Befunden. Kommen Sie doch morgen um dieselbe Zeit, schlug er vor. Dann weiß ich noch mehr. Die Gründe dürfen uns nicht ausgehen, dachte ich.

Ich soll morgen wiederkommen, eröffnete ich, mitten im Zimmer stehend. Wohin sollen Sie morgen wiederkommen?, fragte Frau Ott, ohne von ihrem Buch aufzusehen. Zu Dr. Winter, sagte ich. Frau Ott hob sofort den Kopf. Frau Blaser sagte: Der Reini war hier. Und er hat nichts verraten, dachte ich. Frau Ferdinand starrte an die Decke. Sie waren bei ihm?, fragte Frau Ott. Ich nickte. Sie sind uns eine, sagte sie. Während wir hier nichts Böses ahnend im Bett liegen. Und mit dem Reini reden, sagte Frau Blaser. Es ging um die Blutwerte, erwiderte ich. Das ist alles?, fragte Frau Ott. Sie saß aufrecht in ihrem Bett und sah mich begierig an. Ja, sagte ich, aber ich zögerte. Raus mit der Sprache! Ich nuschelte etwas. Wie bitte? Ich räusperte mich und sagte: Ich steige – ich stockte –, ich steige auf die Wette ein. Ha!, rief Frau Ott triumphierend. Schon bereute ich es. Von meinen Geschichten kann man halt wirklich was für's Leben lernen, gell, sagte Frau Ott stolz. Jetzt verbuchen Sie den Erfolg nicht nur auf sich, protestierte Frau Blaser. Ja, sagte Frau Ott, Ihr Reini war sicher auch daran beteiligt. Frau Blaser drehte sich sofort zu mir: Den vergessen Sie aber jetzt nicht ganz. Also, dass wir das noch erleben, meinte Frau Ott, den Kopf schüttelnd. Man hat Sie ja richtiggehend zu Ihrem Glück zwingen müssen! Jetzt haben wir die Wette schon so gut wie gewonnen! Man soll sich seines Sieges nie zu schnell sicher sein, sagte Frau Ferdinand, den Blick auf die Decke gerichtet.

Flattern

Ja, die Blutwerte sind nicht ganz zufriedenstellend, sagte Dr. Winter zu mir wie einen Tag davor um dieselbe Zeit. So, antwortete ich, als wüsste ich das nicht schon. Er hatte die Stirn in Falten gelegt. Etwas schien ihn zu beschäftigen. Dr. Winter? Meine Frau, sagte er da unvermittelt. Genau, dachte ich. Dieser schöne Kratzer. Dr. Winter machte, anstatt weiterzusprechen, einen Schritt auf mich zu. Ihre Frau?, sagte ich. Dr. Winter wurde verlegen. Sie arbeitet in der urologischen Ambulanz, murmelte er. Auf dieser Seite also, sagte ich und deutete aus dem Fenster. Ja, erwiderte er, Pavillon XII, und er machte den Schritt wieder zurück. Keiner von uns sagte etwas. Ich, räusperte ich mich, ich gehe lieber wieder. Er nickte, aber in seinen Augen war ein Kopfschütteln. Und diese Lippenwölbung, dachte ich, drehte mich zum Gehen und hoffte, er würde mich aufhalten. Ich ließ ihm auch noch die Möglichkeit, während ich die Klinke in der Hand hielt, ohne sie hinunterzudrücken. Doch er sagte nichts, und ich verließ den Raum. Als ich aus seinem Zimmer trat, wartete Georg davor. Er sah mich fast belustigt an und grüßte knapp. Ich ging an ihm vorbei zurück und sagte mir: Es ist nur eine Wette.

Ein Wetter für Verliebte, strahlte Frau Ott mich an, als ich zurückkam. Ich schlug wortlos das Heft auf. Wollen Sie nicht statt in Ihr Heft lieber einen Liebesbrief schreiben? Das würde die Wette weiter beschleunigen, plapperte sie, ohne mich zu Wort kommen zu lassen. Oder macht das Ihre Generation nicht mehr? Ich bin mir zum Beispiel sicher, der Herr Gustav, der würde noch Liebesbriefe schreiben. An die Postkarten dachte ich, alle von der Tante geschrieben, von ihm nur ergänzt um den lapidaren Satz: Herzliche Grüße, Onkel Gustl. Ach, es gibt nichts Schöneres als Liebesbriefe, rief Frau Ott aus. Sie haben sicher auch schon viele Liebesbriefe bekommen, sagte sie zu mir. Eher SMS, murmelte ich geistesabwesend und sah in mein Heft. Glauben Sie mir, die Altersklasse vom Winter ist noch romantisch, fuhr Frau Ott fröhlich fort. Der Reini gehört auch zur Klasse vom Winter, Frau Blaser darauf. Schreiben Sie mir Ihre Adresse auf, nur zur Sicherheit, bat sie und reichte mir bereits ein Stück Papier. Einen Stift haben Sie ja selber, sagte sie, und zu Frau Ott: Von Ihrem Ludwig werden Sie auch schöne Briefe gekriegt haben. Vom Ludwig?, Frau Ott so, als ob er aus Frau Blasers und nicht aus ihrem Leben gegriffen wäre. War nicht er der mit dem Genie?, fragte Frau Blaser. Der Ludwig, sagte da Frau Ott, war eine einzige Enttäuschung. Ihr Ludwig war doch das Beispiel, dass man sich etwas trauen soll, murmelte ich. Ja, antwortete Frau Ott. Das hat auch gestimmt. Nur ausgezahlt hat es sich nicht unbedingt, fügte sie hinzu. Doch das weiß man erst, wenn man etwas gewagt hat. Aber der Ludwig, der hatte ja sogar das gewisse Etwas, rief Frau Blaser. Wie der Dr. Winter. Ja, sagte Frau Ott, das schon, allerdings im Endeffekt nur etwas davon. Aber Sie, Frau Ott zu mir, müssen keine Angst haben, der Dr. Winter hat ganz viel davon. Ich schrieb meine Adresse auf Frau Blasers Papier. Aber nicht, dass Sie eine falsche angegeben haben und dann der Nachbar Post vom Reini kriegt! Ja, der Dr. Winter hat ganz viel davon, wiederholte Frau Ott – und musterte mich: Was machen Sie denn plötzlich für traurige Augen, sagte sie erstaunt. Plötzlich, dachte ich. Das sieht mir nach Liebeskummer aus, Frau Ott mit Kennerblick. Ich habe es doch gesagt, meinte Frau Ferdinand, man soll sich seines Sieges nicht zu schnell sicher sein. Er hat von seiner Frau erzählt, sagte ich kurz angebunden. Frau Ott nahm den Sophia-Loren-Band und legte ihn mir aufgeschlagen auf den Schoß. Das hat mir in puncto Liebeskummer schon geholfen, sagte sie. Ich blickte auf die Kapitelüberschrift: *Männer und Liebe*. Fühlt sich nämlich gar nicht gut an, so ein Liebeskummer, sagte Frau Ott. Jaja, hörte ich Frau Blaser. Ja, Liebeskummer ist schrecklich, stimmte Frau Ferdinand von gegenüber zu. Es wird schwer werden, die Wette zu gewinnen, unterbrach ich das Mitgefühl der Damen. Frau Ott winkte ab: Dr. Winter spielt, ich kenne die Männer! Liebt er seine Frau?, fragte Frau Ferdinand. Ich zuckte mit den Achseln und sagte: Sie sind sicher schon lange verheiratet. Die Gewohnheit, meinte Frau Ott, ist schwer von der Liebe zu trennen. Und mit einem Expertentonfall führte sie aus: Das heißt, die Gewohnheit ist ein Bestandteil der Liebe, aber diese – saublöde Gewohnheit, Frau Ott plötzlich gar nicht mehr im Expertentonfall, diese saublöde Gewohnheit macht alles kaputt. Also ich kann mir vorstellen, sagte Frau Blaser, dass es der Frau Dr. Winter trotz der Gewohnheit nicht besonders gefällt, wenn das Küken dauernd zu ihm kommt. Aber sie weiß ja gar nichts davon, wandte Frau Ott ein. Das ändert doch nichts daran, erwiderte Frau Ferdinand von gegenüber. Ja, sagte Frau Blaser, wenn nämlich der Bruno, während ich einen Badeanzug vorgeführt hätt, einem weiblichen Kurgast die Rezeption so erklärt hätt, wie er sie mir erklärt hat, dann hätt ich mich schön bedankt, selbst wenn ich nichts davon gewusst hätt. Die Eifersucht ist etwas Schreckliches, Frau Ferdinand auf die Decke blickend. Eifersucht hin, Eifersucht her. Tatsache ist doch, sagte Frau Ott nun im Tonfall einer Richterin, Dr. Winter tut etwas nicht, nur weil seine Frau nicht will, dass er es tut.

Ich habe Ihren Georg übrigens gerade gesehen. Vielleicht konnte ich so das Gespräch unterbrechen. Den Georg?, fragte Frau Ferdinand erstaunt. Er ist nach mir zu Dr. Winter. So? Es klopfte energisch. Ich war bei Dr. Winter, und er sagt, es geht dir den Umständen entsprechend, dröhnte Georg schon von der Tür her, und mit großen Schritten kam er an Frau Ferdinands Bett. Die Banane ist für dich, und Frau Ferdinand wies auf den Nachttisch. Es ist heiß hier drinnen. Darum haben wir ja auch die Fenster offen. Ich muss gleich wieder weiter, sagte Georg. Belinda wartet auf mich. Ach, ist es vielleicht die, die dort unten steht und raucht?, fragte Frau Blaser, die ans Fenster geschlurft war. Geh nur, mein Schatz, sagte Frau Ferdinand. Georg verabschiedete sich bereits wieder, beim Hinausgehen warf er Frau Blaser einen vernichtenden Blick zu. Lassen Sie die Tür gleich offen, rief ihm Frau Ott nach. Und sie stellte fest: Er hat die Banane vergessen. Bananen machen sogar glücklich, das hab ich in einer Sendung gelernt, meinte Frau Blaser und wandte sich an mich: Vielleicht sollten Sie sie essen. Sie braucht doch was anderes, erwiderte Frau Ott. Also seit der Georg nur noch eine Banane frühstückt, wirkt er alles andere als glücklich, murmelte Frau Ferdinand. Obwohl die Belinda mit Menschen so gut umgehen kann?, Frau Blaser erstaunt. Wenn Sie sie wollen, sagte Frau Ferdinand apathisch. Danke, aber ich hab ja den Reini, und der macht mich eigentlich schon glücklich genug, und Frau Blaser wieder zu mir: Nehmen Sie sie. Und die Banane landete auf meinem Nachttisch.

Nachdem wir jede in ihre Gedanken versunken zu Abend gegessen hatten, nahm Frau Ott ihre Kassette aus der Hülle, gelb wie die Banane auf meinem Nachttisch, und legte sie in ihren Walkman ein. Zeit für den Italienischunterricht, meinte sie und aufmunternd zu mir: Keine Angst, wir werden die Wette gewinnen. Einer der Pfleger kam, schaltete die allgemeine Raumbeleuchtung ab und wünschte uns eine gute Nacht. Frau Blaser gab ihr Hörgerät heraus. Ich knipste die Patientenlampe an.

Als sich Frau Otts Kassette automatisch umdrehte, klappte ich mein Heft zu und schaltete das kleine Licht über dem Bett aus. Frau Blaser schnarchte. Von Frau

Otts Seite war das leise Rattern ihres Walkmans zu vernehmen und dann und wann die Stimmen ihrer Sprachkassette. Leise vibrierte mein Telefon. Eine Nachricht war gekommen: Alles gut gegangen? Die Madonna Nicopeia ist ein Beispiel vollendeter Ikonenkunst, leuchtete es in die Nacht. Schön für dich, dachte ich und schaltete das Gerät aus. Ich griff nach der Banane. Plötzlich hörte ich Frau Ferdinand in die Notbeleuchtung sagen: Ich war halt dem Georg auch keine gute Mutter. Wie können Sie das sagen, Frau Ferdinand!, erwiderte ich. Es war ein Frühlingstag, wie er im Buche steht. Frau Ferdinand? Er hieß Hans. Nicht Erich?, fragte ich erstaunt. Hans lernte ich im Freibad kennen. Frau Ferdinand? Er war ein guter Schwimmer. Und er hat Bienen gezüchtet. Oft haben wir uns beim Bienenhäuschen getroffen. Er hat mir die Waben gezeigt und den Bienenstaat beschrieben, und ich habe nur auf seine Imkerhandschuhe geblickt. Er hat gesagt: Die Bienen, die sind besser als jeder Baumeister, schau dir mal diese Wachszellen an! Er hat eine Wabe herausgehoben, aber ich habe nur ihn gesehen. Das ist die Königin, hat er mir erklärt und die Wabe wieder zurückgehängt. Sie atmete hörbar ein und aus. Das Summen, ihre Stimme wurde leiser, das Summen ist gut gegen das Gebrüll von heute, hat der Hans gemeint. Und er ist dagestanden, mein Hans, mit seinem Imkerhut, und hat mitgesummt. Dann hat er mich umarmt und durch das Netz des Stichschutzes in mein Ohr geflüstert: Und du bist meine Königin. Durch zwei Netze hindurch haben wir uns geküsst.

Guten Morgen, meine Freundinnen! Die Frauen drehten die Köpfe zur Tür. Herr Abou! Endlich besser, sagte er. Dr. Winter ein guter Arzt, und zu mir: Stimmt? Ich nickte nur. Er betrachtete mich für einen Moment. Traurig sein ist nicht gut, meinte er darauf und gab mir Pistazien. Und für die Damen gibt es auch, sagte er und ging an jedes Bett. Herr Abou, ein bisschen trüb sind Ihre Augen aber schon noch, meinte Frau Ferdinand. Ja, sagte Herr Aboubakar und musste sich an ihrem Bett kurz festhalten. Vielleicht doch zu schnell aufgestanden, meinte Frau Blaser. Sie dürfen sich nicht übernehmen, Frau Ott zu ihm. Ich begleite Sie zurück, sagte ich. Kein Problem, meinte Herr Aboubakar. Ich stand schon auf. Hängen Sie sich ein, sagte ich, und gemeinsam gingen wir hinaus. Danke, sagte Herr Aboubakar und legte sich in sein Bett im Herrenzimmer. Sie müssen sich ausruhen!, ermahnte ich ihn. Ausruhen tut weh, sagte Herr Aboubakar so, als hätte das Wort eine andere Bedeutung. Ich sah in seine Augen. Sie lächelten, aber etwas kauerte niedergedrückt im hohen Gras. Tut weh?, fragte ich. Beim Ausruhen viel denken, sagte er und tippte auf seine Stirn. Sie denken auch zu viel, fügte er hinzu. Vielleicht, sagte ich. Aber Sie keinen Grund, meinte er, und lächelnd zählte er auf: Sie jung und schön und Universität. Und weiß, dachte ich. Für mich, er weiter, wirklich besser nicht ausruhen, und sein Lächeln bekam einen schmerzlichen Ausdruck. Bei den Herren alles in Ordnung?, kam es von der Tür. Ich drehte den Kopf. Dr. Winter sah mich erstaunt an. Haben Sie das Zimmer gewechselt?, und je länger er mich ansah, desto wärmer wurden seine Huskyaugen. Herr Doktor, sagte Herr Aboubakar und wies auf mich, sie denkt zu viel. Ja, wir denken alle zu viel, sagte Dr. Winter. Herr Aboubakar sah ihn an und dann mich und darauf wieder ihn. Ich glaube, ich werde Sie jetzt alleine lassen müssen, sagte ich. Brauchen Sie noch etwas, Herr Aboubakar? Sie sagen Namen richtig, danke. Sie brauchen nichts, Herr Aboubakar? Fast richtig, lachte er. Als ich an Dr. Winter vorbeiging, hätte ich die Hand nach ihm ausstrecken wollen. Mich streifte sein Blick.

Kaum hatte ich das Zimmer betreten, sagte Frau Ott: Dr. Winter war gerade eben hier und hat Sie gesucht. So? Ja, nickte Frau Blaser, vor ein paar Minuten. Vor ein paar Minuten?, fragte ich. Ja, und wir sollen Ihnen ausrichten, dass Sie ihn bitte aufsuchen mögen. Sollen Sie mir ausrichten?, und ich sah zu Frau Ferdinand. Sie nickte ebenfalls. Er war enttäuscht, Sie nicht vorgefunden zu haben, setzte Frau Ott wie eine Liebesbotin fort. Also worauf warten Sie noch? Ich habe den Verdacht, Sie wollen nur die Wette gewinnen. Die Wette haben wir doch schon längst vergessen, erwiderte sie. Soso. Natürlich, meinte Frau Blaser. Natürlich, sagte ich und legte mich in mein Bett. Dr. Winter wird glauben, dass wir Ihnen nicht ausgerichtet haben, dass er Sie sehen will, Frau Ott tat besorgt. Sie arbeiten mit allen Mitteln, dachte ich. Was er nur von uns denken wird, Frau Blaser scheinheilig. Dass Sie raffinierte alte Damen sind, sagte ich. Trauen Sie uns etwa nicht?, Frau Ott war baff. Ich hoffe, das liegt nicht in der Familie, fügte sie hinzu. Für ein Zwischenspiel wird es schon reichen, murmelte ich. Wie lange wollen Sie den Winter denn jetzt noch warten lassen?, meinte Frau Blaser zu mir. Ich habe ihn schon getroffen, erwiderte ich. Frau Blaser sah mich mit großen Augen an. Gerade eben, sagte ich. Gerade eben?, fragte sie. Vor einer Minute, antwortete ich. So ein Zufall auch, rief Frau Ott aus. Ja, sagte ich, und er hat gar nicht erwähnt, dass er mich hier gesucht hat. Hat er doch gar nicht, rutschte es Frau Blaser heraus. Aber ausrichten wollten wir es Ihnen trotzdem, Frau Ott schnell. Von wegen: Die Wette längst vergessen, sagte ich. Wir möchten doch nur – die Wette gewinnen, ich verdrehte die Augen –, dass Sie sich nicht von einem so geringfügigen Hindernis abhalten lassen, sagte Frau Ott. Ich schloss die Augen. Sein Blick. Ich stieg aus dem Bett. Gehen Sie jetzt zum Winter?, fragte Frau Blaser. Nur kurz hinaus, entgegnete ich. Nur kurz hinaus? Ich nickte. Ich hab's doch gesagt, rief Frau Ott, ein bisschen nachhelfen, und schon läuft es von alleine! Ich gehe nicht zu Dr. Winter, erwiderte ich. Zu wem denn sonst, sagte Frau Ott und zwinkerte den anderen zu.

Ich habe so gehofft, dass Sie kommen würden, sagte Dr. Winter. Ich schloss hinter mir die Tür. Wir schweigen einen Moment. Ich habe Sie heute, er stockte: noch gar nicht abgehört. Im Herrenzimmer war das nicht gut möglich, sagte ich. Darf ich Sie – Dr. Winter sah mich an – jetzt abhören? Ist das kein Herrenzimmer?, fragte ich, und langsam zog ich das Hemd über den Kopf. Er senkte sofort den Blick.

Mit dem Stethoskop trat er dicht an mich heran. War da immer noch der gleiche Kratzer auf dem Oberarm? Er sagte: Ein- und ausatmen. Ich atmete ein, ich atmete aus. Dr. Winter hielt den Blick gesenkt. Alles in Ordnung, murmelte er. Langsam nahm ich wieder mein Nachthemd. Als ich im Begriff war, mich zu verabschieden, fragte Dr. Winter: Darf ich noch einmal? Erstaunt blickte ich auf – und zog mich wieder aus. Er hörte mich aufs Neue ab. Und? Hören Sie etwas anderes?, fragte ich nun, und mir fiel das erste Mal auf, dass wir beim Sie geblieben waren. Nein, antwortete Dr. Winter. Nein, wiederholte ich.

Also die Hyäne, die hat heute einen ganz schönen Grant, meinte Frau Ott nach der Morgenvisite und schüttelte den Kopf. Ja, sagte Frau Blaser, deren schlechte Laune hat mich auch schon fast angesteckt. Möcht gern wissen, worüber die sich so geärgert hat. Ihr Revier ist gefährdet, bemerkte Frau Ferdinand. Ihr –, wollte Frau Blaser fragen. Frau Ferdinand warf ihr schnell einen Blick zu. Sie haben das Blutdruckmessgerät vergessen, stimmt's, Schwester Beatrice?, rief Frau Ott Richtung Tür. Ohne ein Wort rollte Schwester Beatrice den Ständer, auf dem es befestigt war, hinaus. Frau Ott sah ihr nach. Laut ließ sie die Tür ins Schloss fallen. Die kocht ja innerlich, sagte Frau Ott. Dabei kann ich mir gar nicht vorstellen, dass sich der Dr. Winter für so eine interessiert, schüttelte Frau Blaser den Kopf. Aber sie interessiert sich, das reicht aus, erwiderte Frau Ferdinand und zu mir: Passen Sie bloß auf! Na, die wird sich auf alle Fälle noch wundern, meinte Frau Ott zufrieden, wie schnell sie Runzeln kriegen wird, so finster wie sie immer schaut. Ihnen, und sie drehte sich zu mir, verrate ich aber einen Tipp. Tipp?, ich ganz woanders. Ja, das einmalige Patentrezept gegen Stirnrunzeln, und Frau Ott führte aus: Zu Hause ein kleines Stück Klebstreifen zwischen die Brauen und schon zieht es, wenn Sie die Stirn in Falten legen, und Sie wissen – Entspannen. So, sagte ich und stieg aus dem Bett. Wohin gehen

Sie denn?, forschte Frau Blaser wie eine Geheimagentin. Lassen Sie sie doch Ihr Revier abstecken, sagte Frau Ott, und auf die Stirn zeigend, rief sie mir nach: Nicht vergessen, entspannen!

Dr. Winters Gesicht erhellte sich in dem Moment, als er mich sah. Störe ich?, fragte ich, und Dr. Winter antwortete mit einem bestrickten Lächeln. Ich schloss die Tür. Unschlüssig stand ich im Zimmer. Wir schwiegen wieder. Das Vogelgezwitscher aus dem Park erfüllte den Raum. Was für ein schöner Tag heute, sagte Dr. Winter und sah in den blitzblauen Himmel. Ja, sagte ich mit Blick zum offenen Fenster, auch morgen soll es so warm sein. Perfekt für ein Picknick, meinte er, und es klang nach einem Vorschlag. O ja, sagte ich, ich habe schon ewig keines mehr gemacht. Ich kenne eine sehr schöne Wiese, sagte er. Es gibt auch einen kleinen Bach, und wir könnten – Dr. Winter stockte. Für den Bruchteil eines Satzes hatte er mich nicht nur in seine Welt außerhalb des Krankenhauses mitgenommen, sondern aus ihm und mir ein Wir gemacht. Er sah mich vorsichtig an. Ja, sagte ich, wir, und ich stockte auch, wir ziehen die Schuhe aus und halten die Füße ins kalte Wasser. Der Kreislauf wird sich freuen. Er lachte und sagte: Ich habe sogar einen Korkenzieher für Linkshänder! Ein Glas Rotwein ist gut fürs Herz, habe ich von meinen Damen gelernt, erwiderte ich. Sie, sagte er, und dann entschiedener: Du – als ob es der Atem über die neue Schwelle tragen sollte –, du bist gut fürs Herz. Darauf folgte ein Schweigen. Wo war der Korkenzieher? Der

Vogelgesang kam uns zu Hilfe. Eine Berührung der Lippen hing im Raum, doch man durfte ihr nicht nachgeben. Zauber vertrug sich nicht mit Geschwindigkeit. Darf ich dich abhören? Der Vogelgesang rückte plötzlich in die Ferne. Die Stille umhüllte uns wie eine Blase, und vorsichtig zog ich das Hemd über den Kopf, damit sie keinesfalls zerplatzte. Er nahm das Stethoskop und drückte die Metallmembran so behutsam gegen das Herz, als wäre es selbst die Blase. Der Duft frisch gewaschener Wäsche ging von seinen Kleidern aus. Ich fühlte mich aufgehoben – und wusste: verloren. Frisch gewaschene Wäsche wird hoffentlich nicht das einzige Geheimnis sein. Meine Pantoffeln stießen gegen seine Schuhspitzen. Mein Blick stolperte in seinen.

Jesus Maria!, rief Frau Ott. Schau sich einer unser Küken an! Ich setzte mich auf das Bett. Ein Glas Rotwein könnte ich brauchen. Und da will mir noch einmal jemand was vom Sich-Irren erzählen, sagte sie. Frau Ferdinand und Frau Blaser sahen mich neugierig an: Erzählen Sie! Schön war es, murmelte ich. Wie schön war es denn?, löcherte mich Frau Blaser beunruhigt. Ich legte den Kopf zurück: Sehr schön, sagte ich. Erzählen Sie von Anfang an!, bestürmten mich die Frauen aufgeregt. Er hat mich abgehört, sagte ich und sah versonnen aus dem Fenster. Details, verlangte Frau Ott. Ja, wir haben ein Recht auf Details, forderte Frau Blaser jetzt wie eine Menschenrechtsaktivistin ein. Ich habe mein Hemd ausgezogen, damit er mich abhören kann. Und dann? – Frau Blasers Augen rollten ihr fast aus dem Gesicht. Und dann, ich legte eine von Frau Otts Pausen ein – Sagen Sie schon! –, dann haben wir uns lange angeschaut. Sie haben sich lange angeschaut!, sagten Frau Blaser und Frau Ferdinand zueinander. Und Frau Ott rief: Wie der Alois damals mich, und sie klatschte in die Hände: Das läuft ja wie geschmiert! Ich schloss die Augen. War die Liebe ein Picknick für Linkshänder? War es so einfach? Der Reini ist ein guter Reservemann, dachte Frau Blaser laut. Pst, hörte ich Frau Ott flüstern, wir dürfen sie jetzt nicht stören.

Bei der allgemeinen Visite am nächsten Vormittag zwinkerte mir Frau Ott ununterbrochen zu. Und als Reini kaum zwei Minuten auf seinem Stuhl zwischen Frau Blasers und meinem Bett mit dem Discman Platz genommen hatte, erzählte sie schon: Den Dr. Winter hätten Sie heute sehen sollen, der hat nur Augen für unser Küken gehabt! Naja, nur ist ein bisschen übertrieben, schränkte Frau Blaser ein. Von der Schwester Beatrice ist er noch mehr abgerückt als sonst, bestätigte Frau Ferdinand von gegenüber. Davon hätt ich was gemerkt, sagte Frau Blaser zu Reini. Selbst uns hat er ganz vergessen, berichtete Frau Ott, eine Spur verschnupft. Und verwirrt war der Dr. Winter, so habe ich ihn noch nie gesehen, wunderte sich Frau Ferdinand. Also, mir kam er ganz normal vor, sagte Frau Blaser schnell. O ja, dem haben Sie ganz schön den Kopf verdreht, meinte Frau Ott zu mir. Da sprang Reini auf. Der Discman fiel auf den Boden, das Batteriefach sprang auf und die Batterien rollten heraus. Er lief aus dem Zimmer. Reini!, rief ihm Frau Blaser nach. Na, das nenne ich eine Reaktion!, nickte Frau Ott anerkennend. So hab ich ihn noch nie erlebt, sagte Frau Blaser kopfschüttelnd. Vielleicht sollte ich einmal nach ihm sehen – Ich mach das schon, sagte ich und verließ das Zimmer.

Auf dem Gang hatte Reini ein Fenster geöffnet und starrte hinaus. Reini, sagte ich und ging in seine Richtung. Er rührte sich nicht. Reini! Ich hörte, wie er die Nase hochzog. Ich trat an ihn heran und berührte ihn leicht am Arm. Er schreckte zurück. Reini, sagte ich beschwichtigend. Er drehte sich ruckartig um und stieß hervor: Ich bin halt kein Arzt! Du kennst dafür alle Vogelstimmen, meinte ich hilflos. Was nützen mir die Vogelstimmen, wenn sonst nichts stimmt, und er lief Richtung Ausgang.

Der ist halt ein bisserl eifersüchtig, der Reini, sagte Frau Blaser, als ich wieder zurückkam. Ich sah auf den zerkratzten Discman am Boden. Das legt sich schon wieder. Ich nickte und hob den Discman auf. Die Batterien waren unter Frau Blasers Bett gerollt. Die soll die Putzfrau suchen, fand Frau Blaser. Ohne eine Antwort zu geben, bückte ich mich, griff unter das Bett und sammelte die Batterien auf. Der Reini, der hat sich, glaub ich, ein bisschen Hoffnungen gemacht, meinte Frau Blaser. Warum wohl, dachte ich und stieg ins Bett. Der Reini wär halt auch gern ein Dr. Winter. Das kann ja vielleicht noch werden, sagte Frau Ott, wenig überzeugt. Vielleicht, erwiderte Frau Blaser, noch weniger überzeugt. Ob man will oder nicht, in der Liebe tut man immer irgendjemandem etwas an, sagte Frau Ferdinand.

Frau Ott setzte sich auf, begann den Kopf zu rollen und meinte: Die Liebe gehorcht eben ihren eigenen Gesetzen. Und die versteht kein Mensch, sagte Frau Blaser. Ja, gab ihr Frau Ott Recht, wenn ich daran denke, in wen ich schon alles verliebt war!, und sie legte den Kopf in den Nacken. Gut, dass ich die meisten schon vergessen habe! Die meisten?, fragte ich mich. Ja, schon komisch, Frau Ott ließ jetzt den Kopf Richtung Brust sinken, wer eigentlich überhaupt in Erinnerung bleibt und wie viele auch wieder nicht. Unter Umständen, sagte Frau Blaser, kann man viele Jahre neben jemandem verbringen, da red ich jetzt übrigens nicht vom Bruno – man hörte ein Pff von Frau Ott –, und der Abdruck, der ist gar nicht so tief. Ja, sagte Frau Ott und hielt das Kinn möglichst weit an die Brust gedrückt, ich habe einmal nur eine Nacht an einer Reling in den Armen eines griechischen Matrosen verbracht, doch das werde ich nie vergessen! Ich dachte an den Delphin, den ich an der Reling gesehen hatte. Aber, Frau Ott hob den Kopf, niemand kann einem natürlich sagen, ob's umgekehrt genauso ist. Und man selbst denkt bis ans Ende seines Lebens daran, erwachte wieder Frau Ferdinand. Ja, seufzte Frau Ott und ließ ihren Kopf von der einen Seite zur anderen fallen, das ist das Drama. Dass wir uns nie sicher sein können. Oder auch manchmal so schrecklich sicher sind, sagte Frau Ferdinand.

Am Nachmittag kurz vor drei erinnerte mich Frau Ott: Es ist Zeit, zu gehen. Zu gehen? Ja, sagte Frau Ott, um diese Zeit wartet er doch normalerweise auf Sie, oder etwa nicht? Gestern ist es freilich früher gewesen, vermerkte Frau Blaser. Schön, dass Sie Buch führen, erwiderte ich. Was Sie können, können wir auch, sagte Frau Ott. Ich stand auf und verließ das Zimmer. Am Gang entlang kam ich an dem Fenster vorbei, von dem

Reini weggelaufen war. Mitleid erfüllte mich. Aber er brauchte kein Mitleid. Er brauchte endlich etwas anderes. Ich ging weiter und klopfte gegen Dr. Winters Tür. Er öffnete beschwingt. So pünktlich, sagte er. Die Damen sorgen dafür, antwortete ich. Sie scheinen dich adoptiert zu haben, meinte er und lachte. So etwas in der Art, erwiderte ich und seufzte. Das verstehe ich, meinte er, und es klang beinahe väterlich. Vielleicht sollten wir einmal gemeinsam das Krankenzimmer betreten, schlug ich vor, die Damen schätzen Abwechslung. Das kann ich mir vorstellen, meinte Dr. Winter, und er holte das Stethoskop. Und du?, fragte er. Ich? Schätzt du auch Abwechslung?, und er sah konzentriert auf das Stethoskop in seiner Hand. Ich schätze etwas anderes, sagte ich. Er hob seinen Kopf. Ich trat an ihn heran und tippte auf die Furche über dem Herz. Da fuhr er mit seinem Zeigefinger sachte meine Lippen entlang: Und das liebe ich. Sein Blick umfasste mich wie eine Umarmung. Kann es sein, er stockte, dass wir zusammengehören? Man hat gelernt, auf solche Fragen nicht zu antworten, dachte ich. Er sagte in mein Ohr: Darf ich dich abhören?, und es klang unaufschiebbar. Mein Hemd fiel auf den Boden. Der Faltenwurf wie in Frau Ferdinands Gesicht.

Zeit für eine Rundumverschönerung!, rief der Pfleger in mein Aufwachen. Rundumverschönerung, schnaubte Frau Ott erbost, das haben wir gar nicht nötig! Heute ist doch Muttertag, sagte der Pfleger übertrieben fröhlich. Unbeeindruckt sahen ihn die Frauen an. Die Mädchen sind bereit?, fragte der andere Pfleger. Mädchen, Mädchen, Sie Kindskopf, sagte Frau Ott. Wer will als Erste? Ich!, rief Frau Blaser. Rundumverschönerung, Frau Ott war nach wie vor entrüstet. Frau Blaser rollte unterdessen mit ihrem Gehwagen bereitwillig neben einem der Pfleger hinaus. Der andere stand neben Frau Ott bereit, die widerstrebend ihren Stock nahm. Der dritte Pfleger sagte zu Frau Ferdinand: Und das hübscheste Mädchen, das kommt zu mir, und sein Tonfall verdeckte den Scherz – nur so weit, dass jeder wusste: Es war ein Scherz. Sie wurde auf einen mintfarbenen Plastikstuhl mit Löchern in Sitzfläche und Lehne vor das Waschbecken gesetzt. Er nahm einen Waschlappen in die Hand und zog den undurchsichtigen Plastikvorhang vor. Ich nahm mein Handtuch und suchte ebenfalls den Duschraum auf, um mich rundum zu verschönern. Meine Augen streiften den Spiegel. Ich scheute mich vor dem direkten Blick hinein. Ich fürchtete, dass das Alter, das mich permanent umgab, abfärben könnte. Ich trat in die Duschkabine. Mein Mann, der Bruno, hörte ich Frau Blaser in der Kabine nebenan dem Pfleger erzählen, der war ein guter Mann. Sie kennen gar nicht ihre Filme?, kam es von der anderen Kabine. Zum Muttertag hat mich der Bruno immer gefragt, ob ich was unternehmen will, und ich hab gesagt: Ja, gehen wir in den Prater. Und der Bruno hat gesagt: Ich schieß dir wieder eine Rose. Heben Sie den Arm, befahl der Pfleger in der anderen Kabine. Die Kinder waren natürlich auch dabei. Nein, keine, antwortete Frau Ott. Aber an meine Mutti denke ich immer. Immer, wiederholte die Stimme des Pflegers teilnahmslos. Ich muss auch noch telefonieren, dachte ich, trocknete mich ab, zog mich an und ging zurück.

Nachdem ich meine Mutter in Quetzaltenango erfolgreich aufgeweckt hatte, kamen auch die beiden Frauen frisch gewaschen zurück ins Zimmer. Frau Blaser blieb kurz am Fenster stehen und sah hinaus. Frau Ott setzte sich auf ihr Bett und holte aus der Verschönerungsschublade – wie Frau Ferdinand dazu sagte – ihre Schminkutensilien heraus. Da kommen ja die Klinikclowns!, rief Frau Blaser aus. Wohl kaum zu uns, entgegnete Frau Ott und drehte den Lippenstift heraus. Das hätte auch gerade noch gefehlt, war Frau Ferdinand hinter dem Vorhang zu hören. Ich hätt mich gefreut, sagte Frau Blaser. Frau Ott, den Lippenstift in der Hand und mit geöffnetem Mund, erwiderte etwas. Reden Sie doch deutlicher, beschwerte sich Frau Blaser. Frau Ott setzte den Lippenstift ab: Dass Sie doch eh heute Besuch bekommen, habe ich gesagt. Ja, der Reini kommt sicher, antwortete Frau Blaser, den Klinikclowns nachblickend.

Frau Ott tupfte ihre Lippen mit einem Papiertaschentuch ab und begann ihre Haare zu toupieren. Vielleicht kommt ja sogar der russische Minister, sagte Frau Blaser. Frau Ott hielt im Toupieren inne. Der Pfleger zog den Vorhang zurück. Und der Teufel endlich zu mir, krächzte Frau Ferdinand. Zuerst kommt einmal der Georg, kam es prompt darauf von Frau Ott.

Wenige Stunden später stand eine voluminöse Frau Mitte vierzig in der Tür. Ja, Ursl!, Frau Blaser starrte die Frau ungläubig an. Alles Gute zum Muttertag!, sagte Ursl lachend. Also, Ursl –, stockte Frau Blaser überwältigt. Die sind für dich! Frau Blaser sah auf den Strauß, als hätte sie zum ersten Mal Blumen gesehen, und sagte zu den Blumen: Ursl, bist das wirklich du? Ursl ging an Frau Blasers Bett und umarmte sie, soweit das mit den Blumen in der einen und einer Vase in der anderen möglich war. Also, ich glaub das nicht! Ursl lächelte sie an. So was, sagte Frau Blaser, so was! Sie nestelte nervös an ihrem Hörgerät. Ursl stellte die leuchtenden Papageienblumen in die Vase und auf den Nachttisch gleich neben dem Fenster. Die sind aber schön!, rief Frau Blaser, zu Tränen gerührt. Sind die etwa aus –? Und jetzt drehte Frau Blaser den Kopf zu uns und sagte stolz: Darf ich vorstellen, meine Tochter aus Amerika! Ursl strich eine widerspenstige blonde Locke zurück, wahrscheinlich wie früher Frau Blaser, und gab uns allen die Hand. Ich hab schon so viel von dir erzählt, Ursl! Ursl lächelte verlegen. Ihr Gesicht war rund wie das von Frau Blaser.

Frisch die Farbe. Also, ich glaub das einfach nicht, Frau Blasers Stimme schwankte. Frau Ott übernahm das Ruder: Wann sind Sie denn in Schwechat angekommen? Am Flughafen? Gestern Abend. So was, Frau Blaser wieder den Kopf schüttelnd. Da werden Sie noch ein bisserl mitgenommen sein, meinte Frau Ott, ist ja nicht gerade ein Spaziergang von Amerika hierher. Die Zeitverschiebung macht einem schon zu schaffen. Ich kann es nicht glauben! Aber Hauptsache, ich bin jetzt hier. Und dass der Reini mir gar nichts verraten hat!, sagte Frau Blaser. Es sollte ja eine Überraschung sein, meinte Ursl. Also, wirklich! So was, sagte Frau Blaser erneut. Der Reini kommt übrigens auch gleich. Er hat noch irgendwelche Aufnahmen heraussuchen wollen. Du kennst ihn ja, unseren Reini, sagte Ursl und lachte freundlich. Der hat mir richtig gefehlt, der komische Vogel! Der Georg kommt bestimmt auch noch, ließ sich Frau Ferdinand hören. Nimm doch Platz, Ursl, forderte sie Frau Blaser auf – und Ursl ließ sich auf den Stuhl zwischen ihrem Bett und der Fensterfront fallen. Du hast aber noch einmal ein bisschen zugelegt, meinte Frau Blaser zu ihr. So einen ganzen Tag in einem Imbiss, antwortete Ursl. Und der Xuan muss jetzt ganz allein auf das Imbissrestaurant aufpassen? Ja, sagte Ursl, die Buben helfen ihm ein bisschen. Aber der Xuan, der schafft das schon. Das ist ein Zäher, dein Xuan, meinte Frau Blaser. Ja, mit dem Xuan habe ich ein Glück, sagte Ursl zufrieden. Er schickt dir natürlich alle erdenklichen Wünsche und die Buben auch. Schade, dass sie nicht mitgekommen sind, meinte Frau Blaser. Nächstes Mal, versprach Ursl und tätschelte Frau Blasers Hand. Ich hoff nur, dass der Reini nicht vergisst zu kommen, zeigte sich Frau Blaser ein wenig besorgt. Warum sollte der Reini das denn vergessen?, fragte Ursl. Du weißt ja, wie er ist, meinte Frau Blaser. Der Reini hat doch noch nie etwas vergessen, wenn es ihm wichtig war, entgegnete Ursl. Aber er hat ja mich nicht zum Erinnern, erwiderte Frau Blaser. Der Reini kann sich auch ohne uns erinnern, sagte Ursl. Ohne dich vielleicht, sagte Frau Blaser. Dafür hat der Reini aber die Zeit über, die du bis jetzt im Spital warst, erstaunlich wenig vergessen, meinte Ursl. Sein Zimmer war sogar aufgeräumt. Der Reini hat sein Zimmer aufgeräumt?, fragte Frau Blaser beinahe erschrocken. Und sie fügte hinzu: Höchste Zeit, dass ich entlassen werde. Wie ist es denn so in Amerika?, erkundigte sich nun Frau Ott bei Ursl. Amerika ist ein großes Land, sagte Ursl, und wieder fiel ihr die blonde Locke ins Gesicht. Na, mit Amerika können wir freilich nicht ganz mithalten, meinte Frau Ott. Und Ihr Imbiss – Imbissrestaurant, verbesserte sie Frau Blaser –, auch so groß? Amerika ist er nicht, lachte Ursl, aber wir haben mit einem kleinen Stehimbiss angefangen, und jetzt, Ursl mit Siegermiene, haben wir sogar das Nachbarlokal dazugemietet! Und in Amerika ist es nicht zu gefährlich?, wollte Frau Ott wissen. Was hast du denn wieder für Schauergeschichten erzählt, Mutti?, wandte sich Ursl an Frau Blaser. Ich? Gar nichts, tat Frau Blaser unschuldig. Dort, wo wir wohnen, ist es nicht anders als in jedem Vorort hier, gab Ursl als Antwort auf Frau Otts Frage zurück. Da haben wir aber ganz anderes gehört, bemerkte Frau Ott. Das bildet sich die Mutti alles ein, lachte Ursl. Ich bild mir gar nichts ein!, wehrte sich Frau Blaser. Reg dich nicht auf, Mutti!, sagte Ursl und nahm Frau Blasers Hand. Ich bild mir aber nichts ein, Frau Blaser trotzig. Natürlich nicht, Mutti, beruhigte sie Ursl. Willst du vielleicht einen Schluck Wasser? Das wär lieb, sagte Frau Blaser wieder versöhnt. Ursl nahm die Mineralwasserflasche vom Nachttisch, schraubte sie auf und schenkte ein. Danke, Ursl! Geht es oder soll ich dir das Glas halten? Lieber halten, Ursl, sagte Frau Blaser, die bis jetzt immer selbstständig getrunken hatte. Ursl führte das Glas vorsichtig an die Lippen. Frau Blaser tat einen Schluck. Sie haben eine gute Tochter, sagte Frau Ott. Ja, sagte Frau Blaser wieder Stolz. Der Georg, der müsste auch bald hier sein, meinte Frau Ferdinand. Was dir auch immer fehlt, Mutti, bekräftigte Ursl fürsorglich, du musst es mir gleich sagen.

In dem Moment stand Reini in der Tür. Mein Reini!, seufzte Frau Blaser glücklich. Eigentlich sollte der Georg schon da sein, murmelte Frau Ferdinand. Reini kam mit der Leinentasche in der Hand langsam ins Zimmer. Er streifte mich nur kurz mit seinem Blick. Hast du unserem Küken wieder Aufnahmen mitgebracht?, sagte Frau Blaser zu allem Überfluss und, zu Ursl, mit den Augen auf mich deutend: Der Reini hat nämlich eine Verehrerin. Verehrerin?, fragte ich mich.

Ursl lächelte mich an, in ihren Augen lag jedoch Verwunderung. Reini war rot angelaufen. Frau Blaser zeigte zum Fensterbrett und sagte: Das Kompott, das hab ich für dich aufgehoben, Reini! Danke, sagte Reini, nahm es, die Tasche nach wie vor in der Hand, und reichte es Ursl. Das ist lieb, Reini, sagte Ursl, und es klang tatsächlich wie von Herzen. Sie nahm den Teller von der Schüssel – Oder will das Kompott vielleicht eine von Ihnen, bot sie höflich an. Ihre Augen kreuzten meine. Mir entging nicht ihr freundschaftlicher Blick. Nicht noch eine Freundin, dachte ich. Drei neue reichten. Worauf wartest du denn, Reini!, rief Frau Blaser. Ursl begann zu essen. Setz dich doch! Das Kompott ist erstklassig, befand Ursl. Wo der Georg nur bleibt? Es gibt keinen Stuhl mehr, sagte Reini auf den Boden stierend. Es gibt keinen Stuhl mehr, es gibt keinen Stuhl mehr! Reini! Neben dem Küken gibt's einen Stuhl! Reini nahm widerwillig auf meinem Besucherstuhl Platz. Er öffnete die Leinentasche, kramte darin und holte einen Stapel CDs hervor, die er auf seine Knie legte. Frau Blaser meinte zu ihm: In der Schublade ist der Discman, den du letztes Mal vergessen hast. Vergessen, dachte ich. Sie öffnete die Schublade und holte den Discman heraus. Da klopfte es abermals. Das wird der Georg sein, sagte Frau Ferdinand frohgemut. Die Tür ging auf.

Onkel Gustl!, ich fiel aus allen Wolken. So oft hatte ich Onkel Gustl im ganzen letzten Jahr nicht gesehen. Frau Otts Augen sprühten Funken. Und die Tante? Ich war zufällig in der Gegend, sagte Onkel Gustl, den

Strohhut in der einen Hand. Zufällig? In der Gegend? Ja, und da habe ich mir gedacht, ich schaue mal, was meine reizende Nichte so treibt, plauderte Onkel Gustl, als würden wir auf der Terrasse eines Landhauses sitzen. Und weil ich schon zufällig einmal da bin, sagte Onkel Gustl, habe ich auch etwas mitgebracht – und er zog hinter seinem Rücken einen Strauß weißer Rosen hervor. Das ist für Sie! Aber, Herr Gustav!, rief Frau Ott entbrannt. Wenn man selbst keine Kinder hat, sagte Frau Blaser. Dort beim Waschbecken steht noch eine Vase, meinte Frau Ott mit glühenden Wangen. Onkel Gustl stellte die Blumen ins Wasser. Du hast auch Besuch, wie ich sehe, nickte er mir zu, Reini anblickend. Nicht direkt, murmelte ich. Nachdem hier schon besetzt ist, Onkel Gustl fröhlich, nehme ich bei deiner bezaubernden Bettnachbarin Platz. Der Reini kann aber auch stehen, sagte Frau Blaser, der ist das aus dem Garten gewöhnt. Und Ursl stupste den Reini an, der Anstalten machte aufzustehen. Bleiben Sie nur, bitte! – und Onkel Gustl saß schon auf Frau Otts Besucherstuhl, zwischen ihrem und meinem Bett.

Jetzt sind wir komplett, sagte Frau Blaser und lachte ausgelassen. Frau Ferdinands Mundwinkel zuckten. Fehlen nur noch der Xuan und die Buben! Am Vormittag am Friedhof, am Nachmittag im Krankenhaus, das nenne ich einen Tag, sagte Onkel Gustl und strich sich mit der rechten Hand über die Leinenhose. Normalerweise ist es umgekehrt, und er lachte. Die Wiener Linien, erzählte er, haben heute eine Aktion zum Muttertag: Gratis zum Friedhof – eigentlich erst ab fünfundsiebzig, aber der Buschauffeur überprüft das nicht. Aber Herr Gustl, kein Mensch würde Sie für fünfundsiebzig halten, rief Frau Ott. Ja, das zahlt sich aus, der Zentralfriedhof ist ja sonst so weit, fuhr Onkel Gustl fort, als ob sich der Zentralfriedhof auf einem anderen Kontinent befände. Liegt Ihre Mutter etwa auch dort? – Frau Ott auf ihrer Jagd nach Übereinstimmungen. Meine nicht, murmelte Onkel Gustl und wurde rot. Ob die Tante noch immer am Zentralfriedhof stand, fragte ich mich. Dass Sie nach dem Friedhof noch extra hierher sind, dafür hätten Sie sich ein Ehrengrab verdient! Na, wenn die Nichte so Sachen aufführt, sagte Onkel Gustl. Wer führt hier was auf? Und dann noch dazu die Lieblingsnichte! Meine Schwester mag er doch viel lieber, dachte ich. Da macht man sich schon Sorgen, Onkel Gustl im Rausch des Punktenwollens. So einen liebevollen Onkel hätte ich mir auch immer gewünscht, sprang Frau Ott entzückt darauf an. Ich mir auch, dachte ich. Frau Ott sah ihn mit einem zärtlichen Blick an. Onkel Gustl lächelte wie ein kleiner Junge. Wie verantwortungsbewusst Sie sind!, sagte Frau Ott bewundernd. Das ist bei Männern selten. Was ich da für ein Klagelied singen könnte, kam es ausgerechnet von Frau Ott. Wie eine Nadel im Heuhaufen muss man die suchen, die Verantwortung tragen können, die Männer. Onkel Gustl schien lieber der kleine Junge bleiben zu wollen. So einen Mann kann sich nur jede Frau wünschen!, rief Frau Ott aus, als hätte sie die Nadel im Heuhaufen soeben gefunden. Sein Lächeln veränderte sich leicht. So viel auf einmal hatte Onkel Gustl auch wieder nicht punkten wollen. Und die Blumen, Herr Gustav, ein Traum in Weiß! – in Frau Otts Blick Feuer. Onkel Gustl, dem Ansturm der Gefühle nicht mehr ganz gewachsen, rückte seinen Stuhl unmerklich zurück. Fast hektisch sah er sich nach einem neutralen Gegenstand um. Er deutete auf den Stapel CDs: Musik? Reini sah ihn stumm an. Das sind Aufnahmen von Vogelstimmen, vom Reini selbst gemacht, Frau Blaser legte Stolz in ihre Stimme. Schon als Kind hat er Vogelstimmen aufgenommen. Vielleicht ist dem Georg etwas passiert?, fragte sich Frau Ferdinand nun. So was hätte ich als Kind auch gern gemacht, aber ich habe ja immer in der Metzgerei helfen müssen, sagte Onkel Gustl, froh um einen Gesprächsstoff, unerfreulich genug, um Frau Otts Glut nicht weiter anzufachen. Sie haben als Kind wohl nicht viel Freizeit gehabt?, Frau Ott stellte die Frage so, dass sie augenblicklich Onkel Gustl tröstend über die Hand streichen konnte. So schlimm war es auch wieder nicht, sagte Onkel Gustl schnell – aber Frau Ott tätschelte schon. Vergessen kann der Georg ihn doch nicht haben, murmelte Frau Ferdinand. Die Kindheit prägt das ganze Leben, sagte Frau Ott und nahm voller Anteilnahme gleich wieder Onkel Gustls Hand. Reini schien abwesend. Ich habe die Tiere auch immer viel lieber gehabt, lautete Onkel Gustls aussichtsloser Versuch, Reini in das Gespräch zu involvieren. Viel lieber habe ich die gehabt, die Tiere. In einer Metzgerei, dachte ich. Sie waren meine größte Freude, fuhr Onkel Gustl fort. Nicht die Leberkässemmeln? Die Vögel besonders, sagte Onkel Gustl und schielte zu Reini. Reini nahm den Discman und setzte sich die Kopfhörer auf. Sein Gesichtsausdruck entspannte sich. Im Gegensatz zu Onkel Gustls. Ein Mann, der so viel für Tiere übrig hat, den habe ich mir schon immer gewünscht, loderte Frau Ott auf. Onkel Gustl trat der Schweiß auf die Stirn. Eine Hilfsschwester schob einen Servierwagen herein. Thermoskannen und Tassen mit Untertellern standen darauf. Die rote ist Kaffee, die blaue Tee, fügte sie hinzu und verschwand. Onkel Gustl sprang auf: Was darf ich den Damen bringen?

Diese dünne Suppe nennen Sie hier Kaffee, beschwerte sich Frau Blaser, nachdem ihr Ursl die Tasse an die Lippen geführt hatte. So ist es besser fürs Herz, sagte Ursl. Papperlapapp, widersprach Frau Blaser, sparen wollen Sie – und am besten an uns! An mir könnten Sie noch mehr sparen, sagte Frau Ferdinand, ihre Kaffeetasse unberührt. Setzen Sie sich doch wieder her, beschwor Frau Ott Onkel Gustl, der noch immer die Thermoskanne in der Hand hielt. Der Zentralfriedhof ist groß, sagte Frau Ott, da sind Ihre Beine sicher müde. Also wegen mir brauchen Sie auch nicht herumstehen, meinte Frau Blaser. Onkel Gustl stellte die Thermoskanne in Zeitlupe zurück. Ich mag den Zentralfriedhof auch, sagte da Reini unter seinen Kopfhörern. Frau Blaser sah ihn verblüfft an. Dort ist es so ruhig. Wie hinter dem Kopfhörer, dachte ich. Außer am Muttertag, kann ich mir vorstellen, lachte Ursl vergnügt. Auf dem

Zentralfriedhof kann man gut Vögel beobachten, sagte Reini und setzte die Kopfhörer ab. In Amerika gibt es auch wunderschöne Vogelparks, erzählte Ursl, da wirst du erst staunen, Reini! Frau Blaser sah sie unvermittelt an. Der Reini kommt uns nämlich endlich besuchen, sagte Ursl fröhlich, und Reini nickte dazu. Wie – euch besuchen?, fragte Frau Blaser konsterniert. Na, er setzt sich in ein Flugzeug und kommt zu uns, meinte Ursl. Das geht doch nicht, japste Frau Blaser. Warum sollte das nicht gehen?, sagte Ursl. Das Ticket übernehmen der Xuan und ich, und essen kann er in unserem Imbiss ja auch umsonst. Aber der Reini kann nicht so einfach nach Amerika fliegen, sagte Frau Blaser nun bestimmt. Wieso denn nicht?, fragte Ursl erstaunt. Und in unserem Imbiss, da könnten wir schon noch die eine oder andere Hand brauchen. Frau Blaser schüttelte den Kopf und sagte energisch: Nein, mein Reini bleibt bei mir, gell, Reini?, und sie lächelte ihn an. Reini sah verunsichert zu Ursl. Der Reini kommt ja auch wieder zurück, das mit der Arbeit wäre ja nur für ein, zwei Monate, zum Probieren. Probieren, probieren, schnaubte Frau Blaser ärgerlich, eine Arbeit probiert man nicht. Wir können die Reise auch verschieben, sagte Reini zu Ursl. Aber Reini, wir haben doch gestern alles schon ausgemacht, erinnerte ihn Ursl. Alles schon ausgemacht?, Frau Blaser blickte Reini an. Während ich hier im Sterben liege! Reini schaute erschrocken. Aber Mutti, sagte Ursl, von Sterben kann gar keine Rede sein. Ich habe vorher mit dem behandelnden Arzt gesprochen – Dr. Winter?, fragte Frau Blaser. Ja, ein Mann mit einem sehr noblen Gesicht, beschrieb ihn Ursl. Das kann nur der Dr. Winter sein!, rief Frau Ott. Geradezu Erleichterung bei Onkel Gustl. Reini heftete den Blick auf den Boden. So ein schöner Arzt ist mir in Amerika noch nie begegnet, sagte Ursl. Nicht?, staunte Frau Ott. Ich dachte, da gäbe es noch viel mehr davon. Also in unseren Imbiss hat sich noch keiner verirrt, und Ursl lachte wieder. Frau Ott sagte: Der Dr. Winter, der hat was von einem amerikanischen Filmschauspieler, finden Sie nicht? Nein, sagte da Reini und wechselte die CD aus. Dass der Dr. Winter wirklich gesagt haben soll, ich sei gesund, das versteh ich nicht, beharrte Frau Blaser kopfschüttelnd. Er hat ja auch nicht gesagt, dass du gesund bist, Mutti, erwiderte Ursl eine Spur genervt. Aber ihr glaubt, ihr könnt mich alleine lassen, schmollte Frau Blaser. Der Reini wäre ja auch erst dann geflogen, wenn du wieder ganz gesund geworden wärst, erklärte Ursl. Reini nickte ernst. Ich werd aber nie mehr ganz gesund, sagte Frau Blaser und verschränkte die Arme. Aber gesund genug, um den Reini ein paar Wochen zu uns fahren zu lassen, rief Ursl nun selbst energisch. Zuerst heißt es, nur wenn ich ganz gesund bin, dann gesund genug, beklagte sich Frau Blaser. Wir können ja wirklich mit der Reise noch warten, murmelte Reini eingeschüchtert. Reini, Ursl sah ihn streng an, wir waren uns doch gestern einig! Aber –, wisperte Reini hilflos. Der Reini lässt mich nicht allein, das weiß ich, sagte Frau Blaser. Sie könnten ja auch nach Amerika mitkommen, schlug jetzt Frau Ott vor. Ursl sah nicht erfreut aus. Ich? Nach Amerika? Ja, sagte Frau Ott, wenn Sie gesund genug sind, alleine zu bleiben, dann sind Sie auch gesund genug, um wegfahren zu können. Und zu Onkel Gustl: Also, wenn ich einmal aus dem Spital draußen bin, dann kann ich bestimmt auch wegfahren. Onkel Gustl tat so, als hätte er es nicht gehört. Ich wollte schon immer einmal den Geburtsort von der Sophia besuchen, sagte Frau Ott jetzt laut. Ich werde ja bald an der Prostata operiert, beeilte sich Onkel Gustl zu sagen. Ich lerne schon Italienisch, sagte Frau Ott. Ja, mit der Prostata schaut es ernst aus, meinte Onkel Gustl. Und das dauert nach einer Operation, jetzt schien er es sich förmlich herbeizuwünschen. Ich kann warten, sagte Frau Ott. Ich kann warten, wiederholte Onkel Gustl so, als würde er sich über die Dimension des Satzes erst langsam bewusst.

Wieder klopfte es: Also, wenn das jetzt Ihr Xuan ist!, rief Frau Ott. Oder der russische Minister, dachte ich. Frau Ferdinand schloss die Augen. Die Tür öffnete sich. Niemand von uns sagte etwas. Frau Ferdinand, rief Frau Ott schließlich hinüber, ich glaube, Sie haben Besuch bekommen. Ihr Sohn ist da. In Begleitung, fügte sie mit Blick auf Belindas Dekolleté hinzu. Die Belinda hat Recht gehabt, sagte Georg, wahrscheinlich wecke ich dich sowieso nur auf. Ich freue mich so, dass ihr da seid!, flüsterte Frau Ferdinand glücklich. Und dass ich endlich deine Belinda kennen lerne, und sie streckte Belinda ihre knorrige Hand entgegen. Guten Tag, sagte

Belinda förmlich. Die Blumen haben ein wenig unter der Fahrt gelitten, Georg ebenso, aber ich glaube, sie werden sich erholen. Das wäre doch gar nicht nötig gewesen, meinte Frau Ferdinand und zu Belinda: Setzen Sie sich doch! Eine Vase gibt dir sicher die Schwester, Georg! Georg verschwand mit den Blumen in der Hand. Es war einen Moment still. Belinda scharrte mit den Füßen. Von Ihrer Schwiegermutter wissen wir, sagte Frau Ott zu Belinda, dass Sie so viel von Ernährung verstehen. Belinda nickte nur. In der Gastronomie, sagte nun Ursl, muss man auch viel von Ernährung verstehen. Die sollen ja wiederkommen, die Gäste. Die Ursl hat nämlich ein eigenes Restaurant, sogar in Amerika, sagte Frau Blaser stolz zu Belinda und vergaß dabei für einen Augenblick ihren Ärger. Naja, Restaurant ist übertrieben, schränkte Ursl ein. Aber es ist doch ein Restaurant, Ursl, halt ein Imbissrestaurant. Das schon, murmelte Ursl. Eben, erwiderte Frau Blaser. Die Amerikaner haben uns dieses Fastfood beschert, äußerte sich Belinda dozierend, und alle sind zu dick. Ja, freilich, sagte Ursl gutmütig. Ein Imbissrestaurant verlangt den vollen Einsatz, Frau Blaser weiter, als wäre sie die Besitzerin eines solchen. Also im Reisebüro, da habe ich auch alles geben müssen. Und so eine Rohrreinigungsfirma verlangt einem sicher auch einiges ab, nickte Frau Ott zu Onkel Gustl. Er sah sie überrascht an. Ihre Nichte war so freundlich, uns ein paar Dinge aus Ihrem Leben zu verraten. Onkel Gustl warf mir einen beunruhigten Blick zu. Die Tante hätte ich vielleicht noch mehr hervorheben sollen, dachte ich. Belinda lugte immer wieder zur Tür. Der geht nicht verloren, Ihr Georg, meinte Frau Ott. Schon kam Georg mit den Blumen in einer Vase zurück. Er stellte sie an Frau Ferdinands Bett. Frau Ferdinand streckte die Hand nach Georgs aus. Belinda nahm Georgs Hand in ihre. Frau Ott sah Onkel Gustl beziehungsvoll an. Onkel Gustl, aus Fluchtinstinkt hilfsbereit, sagte: Wenn Sie Kaffee oder Tee wollen? Schon stürzte er zum Servierwagen und brachte Belinda und Georg jeweils eine Tasse. Da kam Herr Aboubakar herein: Pistazien für alle, sagte er und lächelte in die Runde. Darf ich vorstellen, breitete Frau Ott wie auf einer Bühne die Arme aus, das ist der Herr Abou vom Herrenzimmer nebenan! Ursl nickte freundlich. Reini hob die Augen. Möchten Sie eine Tasse Kaffee?, bot Onkel Gustl an. Danke, ich habe schon gehabt, sagte Herr Aboubakar, aber da, für Sie!, und er hielt seine Pistazien in die Runde. Nein, danke, verwahrte sich Georg sogleich. Und Belinda erklärte: Pistazien haben viele Kalorien. Herr Aboubakar hielt ihnen weiter die Pistazien hin. Das macht dick, sagte Belinda mit der Überartikulation einer ersten Deutschstunde. Da sagte Reini: Ich will gerne Pistazien. Herr Aboubakar lächelte ihm zu und reichte sie ihm. Mit vorsichtigen Fingern griff Reini zwei Pistazien. Danke, sagte er schüchtern. Ich lasse sie hier, sagte Herr Aboubakar, und er legte die Pistazien auf meinen Nachttisch. Einen schönen Nachmittag, wünschte Herr Aboubakar allen und verließ den Raum.

Der Abou ist ein Schatz, seufzte Frau Ott. Er sieht

aber schlecht aus, murmelte Reini. Das ist seit den neuen Medikamenten, sagte Frau Blaser. Die sind sicher gut, erwiderte Georg. Er sollte lieber nicht so viele Pistazien essen, das belastet das Herz, sagte Belinda. Ursl bat trotzig Reini um ein paar. Sich nicht mit allem zuzustopfen ist eine Frage des Willens, sagte Belinda bissig. Seit Georg abgenommen hat, hat er viel bessere Werte. Mein Herz ist total in Ordnung, bestätigte Georg voll Stolz. Dein Herz, Georg, dachte ich, tut mir leid. Vier Kilo hat er verloren, und ihren Anteil am Willen sichernd fügte sie hinzu: Seit er mich kennt. Na, kein Wunder, wenn der sich nur noch von Bananen ernährt, meinte Frau Ott. Aber Georg, du musst doch gar nicht abnehmen, versicherte ihm Frau Ferdinand. Na, einen kleinen Bauchansatz hat er schon gehabt, sagte Belinda und kniff ihm in den Bauch. Mit achtundvierzig muss man nicht wie zwanzig aussehen, murmelte Frau Ferdinand. Die Bananendiät empfehle ich jedem, fiel ihr Belinda ins Wort. Außerdem, setzte sie ihr Referat fort, ist der Zusammenhang zwischen besserer Arbeitsleistung und geringerem Gewicht wissenschaftlich belegt. Also, ich bin rund um die Uhr auf den Beinen, sagte Ursl. Ja, überging sie Belinda, man kann viel mehr leisten, wenn man sich vernünftig ernährt. Der Georg gewinnt jetzt auch jede Scheidungsverhandlung, als sei das ein Beweis für ihre Theorie. Heutzutage lässt sich jeder Zweite scheiden, sagte Frau Ott, und sie zwinkerte Onkel Gustl zu. Onkel Gustl nahm schnell eine Packung Lutschbonbons aus seiner Brusttasche und hielt sie stumm in die Runde. Auch in Amerika ist das so, sagte Ursl. Der Georg hat sogar Klienten aus Amerika, ergänzte Belinda stolz. Einen Moment schwiegen wieder alle. Schwül ist es hier, sagte Onkel Gustl in die Stille und krempelte die Hemdsärmel hoch. Frau Otts Augen flackerten auf. Nervös fächelte er sich mit dem Strohhut Luft zu. Ja, heiß ist es, nickte Frau Blaser, wie wird's dann erst im Sommer werden! Ein Herzinfarktwetter, stellte Belinda ungerührt fest. Mir ist auch ein bisschen schwindlig gerade, erschreckte sich Frau Blaser. Geh, Mutti! Ja, gar nicht gut ist mir, sagte Frau Blaser und stöhnte. Reini sah sie besorgt an. Ich habe dir doch gerade erzählt, was der Arzt gesagt hat, seufzte Ursl. Die Besuchszeit ist zu Ende, unterbrach eine Schwester Frau Blasers Klagen. Schade, sagte Frau Ferdinand, und sie sah gar nicht unglücklich aus. Ein Nickerchen wird jetzt das Richtige sein, meinte Frau Ott, und sie sah Onkel Gustl verliebt an. Er war als Erster aufgestanden. Die Zeit ist schnell vergangen, Frau Blaser wirkte erschöpft. Ursl nahm zärtlich Frau Blasers Hand. Bist du schon wieder weg! Ich komme doch noch einmal, versicherte Ursl. Wann geht denn Ihr Flieger zurück?, erkundigte sich Frau Ott, und sie unterdrückte ein Gähnen. In sechs Tagen, antwortete Ursl. Für nicht einmal eine Woche nach Europa, das wäre mir zu anstrengend, sagte Frau Ott. Ja, sagte Ursl, aber dafür günstig. Und den Xuan, den kann ich ja auch nicht so lange alleine im Imbiss lassen. Na, die Buben unterstützen ihn ja, meinte Frau Blaser. Der Reini kann ja dann auch kochen helfen, wenn er auf Besuch kommt, sagte Frau Ott, und zu ihm: Wir haben gehört, Sie machen eine besonders gute Fleischsauce. Reini hob erstaunt die Augenbrauen und rieb sich an der Nasenwurzel. Ich muss jetzt wohl oder übel, sagte Onkel Gustl fröhlich. Wenn Sie im Herrenzimmer nebenan liegen würden, Herr Gustav, dann würden für Sie keine Besuchszeiten gelten, seufzte Frau Ott. Onkel Gustl verrutschte das Lächeln. Danke für den Besuch, sagte ich. Gerne, antwortete Onkel Gustl. Reini sagte: Das sind die schönsten Aufnahmen von allen, und legte den Discman auf meinen Nachttisch. Schnell, ohne mich anzusehen, packte er die restlichen CDs in seine Leinentasche. Georg und Belinda erhoben sich Händchen haltend.

Es klopfte. Die Frauen sahen sich erstaunt an. Nanu, gibt's noch irgendwo einen verlorenen Sohn? Die Tür ging auf: Dr. Winter erschien. Belinda ließ sofort Georgs Hand los. Reinis Augen wurden schmaler. Entschuldigung, sagte Dr. Winter, ich dachte, die Besuchszeit wäre schon zu Ende. Ist sie auch, erwiderte Ursl ebenfalls entschuldigend, wir sollten schon weg sein, und sie erhob sich. Eine fröhliche Gesellschaft ist das hier, sagte Dr. Winter freundlich und schaute in die Gesichter. Auf Reinis verweilend sagte er zu mir: Sie haben auch Besuch, sehe ich. Alle richteten ihre Blicke auf mich. Ja, murmelte ich. Reini hob den Kopf und schaute mich mit großen Augen hinter der Brille an. In Frau Otts Gesicht leichtes Erstaunen. Auf Frau Blasers ein breites Lächeln. Wir haben heute schon festgestellt, dass Sie wie ein amerikanischer Filmschauspieler aussehen, sagte Frau Ott. Ach was, wehrte Dr. Winter ab. Doch, Sie sehen genauso aus wie der – und Frau Ott suchte nach dem Namen, der am meisten beeindrucken konnte. Da ließ Belinda einen fallen. Dr. Winter drehte sich zu ihr: Ich kenne ihn nicht, aber danke für das Kompliment. Belinda lächelte. Und Sie, Sie verschönern Frau Ferdinand den Tag? Georgs Augen wurden so schmal wie die Reinis davor. Ja, sagte Belinda, die nichts anderes als Frau Ferdinands Tag zu verschönern im Sinn hatte. Meine Schwiegermutter wird bald herauskommen, oder, Herr Doktor?, flötete Belinda mit kummervollem Gesichtsausdruck. Es wird noch ein wenig dauern, antwortete Dr. Winter ernst. Aber Sorgen müssen wir uns keine machen?, fragte Belinda, die Frau Ferdinand heute das erste Mal gesehen hatte. Nein, sagte Dr. Winter, Sie können beruhigt schlafen. Das ist gut so, schaltete sich Georg ein. Gott sei Dank ist sie hier in den besten Händen, sagte Belinda zu Dr. Winter, und ihre Stimme wurde rauchig. Georg sah sie frappiert an: Der Tonfall war offenbar nicht nur für ihn reserviert. Krachend fiel etwas zu Boden.

Ursl sprang zu Frau Ferdinands Bett. Die schönen Blumen, sagte Frau Ferdinand. Schon gerettet, rief Ursl und hielt sie in die Höhe, als wäre sie gerade durch die Zieleinfahrt gerast. Also, ich verstehe nicht, wie das passieren konnte, meinte Frau Ferdinand, ich habe doch nur meine Kaffeetasse auf den Nachttisch gestellt. Die Vase ist blöd gestanden, sagte Frau Blaser. Vor allem, wenn man sie mit der Kaffeetasse wegschiebt, murmelte Frau Ott leise. Ursl legte den Strauß beiseite, sammelte das zerbrochene Glas umsichtig auf und sorgte, bevor sie einen Wischmopp holte, mit einem strengen Hinweis dafür, dass niemand in die Nähe kam. Dr. Winter wusste nicht, ob er bleiben oder draußen warten sollte. Er warf mir einen verstohlenen Blick zu. Reini erhob sich, als ob er ihn abblocken wollte. Aber ich war schneller und fing den Blick auf. Es wird Zeit, sagte Georg zu Belinda und nahm sie fast grob an der Hand. Mit einem Augenaufschlag ging sie an Dr. Winter vorbei hinaus. Onkel Gustl hatte bereits das Weite gesucht. Er hatte für heute genug mit dem Feuer gespielt. Ursl wischte schnell mit dem Mopp das Wasser auf, dann verabschiedete sie sich hektisch und zog Reini am Ärmel mit. Der Boden war frisch gewischt, die Blumen standen in einer neuen Vase und die Scherben lagen im Mülleimer, als Dr. Winter sich ebenfalls zum Gehen wandte und wie nebenbei fallen ließ: Ich habe heute noch Dienst bis zwanzig Uhr, falls jemand noch etwas braucht.

Was ist eigentlich in Sie gefahren, Frau Ferdinand?, fragte Frau Ott, als er gegangen war. In mich?, Frau Ferdinand tat verwundert. Sie wollen mir doch nicht erzählen, dass die Vase von alleine hinuntergefallen ist. Freilich, sagte Frau Ferdinand. Frau Ferdinand, bitte! Da sagte Frau Ferdinand, Wut unterdrückend: Meinen Georg lässt niemand alleine. Ja, sagte Frau Blaser, die Belinda war ja sichtlich vom Doktor angetan. Niemand lässt meinen Georg alleine!, platzte Frau Ferdinand heraus, den Georg nicht – und mich nicht! Also, wenn der Reini mich alleine lässt, drohte Frau Blaser. Er besucht doch nur die Ursl in Amerika, entgegnete Frau Ott. Das mein ich ja damit, erwiderte Frau Blaser. Aber nach Amerika fahren und in der Küche ein bisschen helfen, das stelle ich mir für den Reini gar nicht so übel vor, sagte Frau Ott. Vielleicht würde es dem Reini nämlich nicht schaden, einmal herauszukommen. Der Reini kommt doch jeden Tag heraus, wenn er im Garten die Vögel beobachtet. Aber der Reini kann doch nicht bis ans Ende seines Lebens im Garten herumstehen, meinte Frau Ott. Das kann er halt am besten, sagte Frau Blaser. Ich kann mir Ihren Reini trotzdem gut in Ursls Imbiss vorstellen, ließ Frau Ott nicht locker. Vielleicht nicht gerade in der Bedienung, fügte sie hinzu. Der Reini, der wär total überfordert damit! Wer weiß, stellte Frau Ott in den Raum. Ich weiß das, erwiderte Frau Blaser, ich bin schließlich seine Mutter. Sie sah jetzt mich an: Der Reini hat Sie gerne, was, und sie deutete auf den Discman auf meinem Nachttisch. Ich nickte. Ja, wenn Sie dann alle zusammen im Vogelhäuschen wohnen, murmelte Frau Ott. So drückend ist es hier im Zimmer, finden Sie nicht?, meinte Frau Blaser zu mir. Ich brauch frische Luft. Wollen Sie mich nicht ein bisschen begleiten? Begleiten? Ja, sagte sie. Eine kleine Runde auf dem Gang würd auch Ihnen nicht schaden. Sie muss doch zu ihrem Dr. Winter, sagte Frau Ott. Ist schon gut, ich weiß eh, murrte Frau Blaser.

Ich klopfte leise gegen die Tür. Nichts geschah. Ich klopfte lauter. Entschuldigung, Dr. Winter öffnete mit einem leicht missmutigen Gesicht, ich war gerade am Auflegen. Er schloss schnell die Tür hinter mir. Haben sie Verdacht geschöpft?, fragte er besorgt. Ich schüttelte den Kopf. Wenn er wüsste, dachte ich. Dr. Winter ging an seinen Schreibtisch und sagte betont beiläufig: Und der Mann an deinem Bett? Frau Blasers Sohn Reini?, fragte ich erstaunt. Ja, sagte Dr. Winter und ordnete ein paar Zettel, es sei denn, du hast noch einen unter deinem Bett versteckt gehabt – Es sollte nach einem Scherz klingen. Nein, sagte ich, sie warten gewöhnlich nicht unter dem Bett. Dr. Winter sah mich an. In deinem Bett wartet auch jemand, erinnerte ich ihn. Er sah auf den Boden. Hörst du mich ab?, fragte ich. Er hob den Kopf. Seine Huskyaugen blitzten. Vorsichtig nahm er das Stethoskop auf. Das kühle Metall wanderte von rechts neben dem Brustbein nach links und dann zur rechten mittleren Schlüsselbeinlinie. Ich spürte seinen Atem auf der nackten Haut, so nah war er. Ich kann dein Herz schlagen hören, sagte ich. Das kannst du nicht, erwiderte Dr. Winter, aber ich deines. In dem Moment klopfte es. Wir sahen uns an. Dr. Winter ging zur Tür. Was gibt es denn? Er versuchte seinen Ärger zu unterdrücken. Ich hörte Schwester Beatrice etwas sagen. Er wandte sich an mich und, um einen neutralen Tonfall bemüht: Ich werde leider gebraucht.

Als ich aus dem Zimmer trat, stand Frau Blaser mit ihrem Gehwagen davor. Holen Sie mich ab?, fragte ich.

Sie nickte. Schön, sagte ich und seufzte. Wissen Sie, sagte Frau Blaser, und sie schlurfte langsam mit ihrem Gehwagen neben mir her, ich mach mir schon ein wenig Sorgen um den Reini, weil der eben nur mich hat. Ich frag mich halt, sagte Frau Blaser und blieb stehen, was der Reini ohne mich einmal machen wird? Vielleicht nach Amerika fliegen, dachte ich. Ja, das frag ich mich oft, wenn ich nicht schlafen kann, und sie ging weiter. Ich hätt mir doch für den Reini auch einen Xuan gewünscht, eine Frau Xuan halt. Selbst wenn sie auch nicht wie der Frühling aussehen tät. Ich würd halt so gern den Reini glücklich sehen, so richtig glücklich – und sie hielt mit ihrem Gehwagen inne und sah mich an. Das verstehe ich, murmelte ich. Sie sind ja viel zu hübsch für ihn, sagte sie und setzte sich wieder in Bewegung. Ja, der Reini hat eben nur mich. Und sie blieb abrupt stehen: Deswegen mach ich mir Sorgen um ihn, weil der so ein gutes Herz hat, der Reini. Aber ohne mich steht der ganz allein da. Was ist mit der Ursl?, fragte ich. Die Ursl hat doch keine Ahnung vom Reini! Wie soll der allein in Amerika jemals zurechtkommen! Er wäre doch gar nicht alleine, merkte ich an. Plötzlich griff sie nach meinem Arm. Frau Blaser? Ist gleich vorüber, sagte sie. Wir gingen, nach jedem Schritt eine Pause einlegend, zurück ins Zimmer. Die Servierwagen mit dem Abendessen standen schon auf dem Gang. Ist Ihnen nicht gut?, fragte Frau Ott sofort, als Frau Blaser ihren Gehwagen blass ins Zimmer schob und parkte. Schwindlig eben, sagte Frau Blaser und hielt sich am Eisengestänge des

Bettes fest. Sie wartete einen Moment ab, bevor sie sich schließlich ins Bett legte. Die Schwester brachte das Essen herein. Was gibt es denn heute?, fragte Frau Ott. Kartoffelpüree mit Spiegelei, antwortete die Schwester und teilte aus. Das war als Kind Georgs Lieblingsspeise, sagte Frau Ferdinand und fügte spitz hinzu: Wahrscheinlich darf er jetzt auch keine Eier mehr essen. Oder er muss besonders viele essen, zwinkerte Frau Ott mir anzüglich zu. Ich will gar nichts essen, sagte Frau Blaser.

Zerflattern

Guten Morgen, Herr Doktor!, säuselte Frau Ott wie in einer Arztserie. Und natürlich auch der zauberhaften Schwester Beatrice! Schwester Beatrice schürzte ihren Schmollmund. Dr. Winter kam an Frau Otts Bett. Mit Hingabe sprach sie über das Einnehmen der Medikamente, ganz so, als ob Dr. Winter sie erfunden hätte. Genauso aufmerksam, wie er ihr zugehört hatte, hörte er sie ab. Ich bin sehr zufrieden, sagte er, und Frau Ott fuhr sich wie eine Diva durch das Haar. Er kam an mein Bett. Würden Sie sich bitte freimachen, sagte er im selben Tonfall wie zu Frau Ott. Ich zog das Hemd über den Kopf, wie gestern sieben Fenster weiter links. Das kühle Metall des Stethoskops wanderte von rechts neben dem Brustbein nach links und dann zur rechten mittleren Schlüsselbeinlinie. Schwester Beatrice beobachtete uns genau. Er nickte, und für den Bruchteil einer Sekunde sahen wir uns an. Schwester Beatrices Augen blitzten auf. Er löste seine von meinen, drehte sich schnell um und ging an das gegenüberliegende Bett zu Frau Ferdinand. In Schwester Beatrices Brusttasche läutete ein Telefon. Sie nahm es heraus und klappte es auf. Ja, sagte sie, er ist hier im Damenzimmer N° 5. Soll ich? Gut, ich richte es aus, und sie klappte das Telefon zu. Ihre Frau hat Sie gesucht, sagte sie zu Dr. Winter. Er sah überrascht auf. Sie hat etwas zu besprechen. Die Frauen sahen sich sofort an. Hat sie gesagt, um was es sich handelt?, erkundigte er sich. Nein, sagte Schwester Beatrice, deren Gesicht abzulesen war, dass sie etwas verheimlichte, und die sich an unserer Unwissenheit weidete.

Entschuldigen Sie, sagte eine kristallklare Stimme. Eine große, schlanke Frau im Arztkittel stand in der Tür. Ihr blondes, feines Haar war im Nacken zu einem lockeren Knoten zusammengebunden. Die makellose Haut war gebräunt und schien golden zu leuchten. Dezentes Rouge betonte die Wangen. Das Gesicht war geradezu beängstigend symmetrisch. Die Nase so ebenmäßig, dass sie hätte operiert sein können. Die Augen groß und blau, gekrönt von dem feinen Schwung der Brauen. Lang wie Safranfäden die hellen Wimpern. Nur dem Mund fehlte es an der Großzügigkeit, mit der das restliche Gesicht ausgestattet worden war. Kann ich dich einen Augenblick sprechen, sagte sie. Ich komme sofort hinaus, sagte Dr. Winter, so, als hätte man ihn bei etwas ertappt. Danke, sagte sie und sah mich an, obwohl Dr. Winter an Frau Ferdinands Bett stand. Dann nickte sie Schwester Beatrice zu und verließ ansonsten grußlos den Raum. So, Frau Ferdinand – Dr. Winter war bemüht, sich seine Irritation nicht anmerken zu lassen –, jetzt höre ich Sie noch schnell ab, und dann haben wir es geschafft! Als er das Zimmer verließ, warf er mir einen verunsicherten Blick zu. Ein Lächeln huschte über Schwester Beatrices Gesicht.

Also, die Frau Dr. Winter hab ich mir nicht so schön vorgestellt, sagte Frau Blaser, kaum dass er draußen war. Das würd ich gern sehen, wie sich die Männer auf der Urologischen mit ihrem Prostatakrebs bei der anstellen! Genieren werden Sie sich eher, sagte Frau Ott, vor so einem Geschöpf will kein Mann krank dastehen! Ja, sagte Frau Blaser, kein Wunder, dass der Dr. Winter sich in sie verliebt hat. Sie sieht aus, als hätte sie schon seit ihrer Geburt das einmalige Patentrezept gegen Stirnrunzeln gekannt, meinte Frau Ott missmutig. Und die blauen Augen fast so groß wie meine, sagte Frau Blaser. Leer wie eine Puppe, murmelte Frau Ferdinand. Ja, vergrößern muss die sich nichts lassen – Im Gegensatz zu mir, dachte ich. Na, noch haben wir die Wette nicht verloren!, meinte Frau Ott, und da erst schienen sich die Frauen wieder an mich zu erinnern. Sie sahen mich an. Frau Blaser sagte: Also, nachdem ich den Typ der Frau Dr. Winter gesehen hab, überrascht's mich fast, dass wir mit unserer Wette überhaupt so weit gekommen sind. Ja, gab ihr Frau Ott Recht, die Haut weiß wie ein Porzellanhäferl und so dunkle Augen und Haare – das glatte Gegenteil von der Frau Dr. Winter. Warum taucht die eigentlich plötzlich hier auf, die arbeitet doch in einem anderen Pavillon, wunderte sich Frau Blaser und überlegte: Das muss etwas Dringendes zu besprechen sein. Deswegen unterbricht man trotzdem keine Visite, meinte Frau Ferdinand. Und Frau Ott sagte: Meine weibliche Intuition verrät mir: Ihr hat jemand einen Hinweis gegeben. Ich brauche dafür keine weibliche Intuition, brummte Frau Ferdinand. Warum hab ich wieder so etwas nicht, beklagte sich Frau Blaser.

Eifersucht ist zu manchem fähig, sagte Frau Ott. Ja, sagte Frau Ferdinand nur, ja. Die Schwester Beatrice?, rief Frau Blaser, glücklich über ihre Erkenntnis. Frau Ferdinand sagte: Wer sonst. Sie geht ja mit der Frau Dr. Winter angeblich immer laufen, und Frau Ott fügte hinzu: Sport-BHs gibt's ja für jede Oberweite. Woher wissen Sie das mit dem Joggen schon wieder, sagte Frau Blaser. Ich habe da meine Quellen, erwiderte Frau Ott, und zu mir: Sie müssen in Zukunft sehr aufpassen, ich glaube, die Frau Dr. Winter versteht keinen Spaß. Und die Hyäne auch nicht, seitdem Sie ihr die Beute weggeschnappt haben. Ja, riet auch Frau Ferdinand, geben Sie Acht!

Ich stellte mir vor, wie Frau und Herr Dr. Winter auf dem Gang standen. Wie sie später gemeinsam nach Hause fuhren, wo auch immer das sein mochte. Wie er einen Satz fallen ließ, um jeden Verdacht zu zerstreuen. Wie dieser Satz gerade den Verdacht bestärkte. Und wie er ihr aus dem Mantel half, in der Hoffnung, dass der Mantel des Schweigens über allem bliebe. Und alles würde nach demselben Waschmittel riechen.

Bei den Damen alles in Ordnung?, Dr. Winter kam in der Früh noch vor den Pflegern ins Zimmer. In bester Ordnung, sagte Frau Ott wie eine offizielle Sprecherin des Damenzimmers N° 5. So soll es sein, murmelte Dr. Winter geistesabwesend. Er drehte sich zu mir: Wenn ich Sie vielleicht kurz zu mir bitten dürfte, der Chefarzt will Sie sehen. Frau Ott, Frau Blaser und Frau Ferdinand warfen sich einen Blick zu. Gut, sagte ich und stieg aus dem Bett. Ohne ein Wort zu wechseln, gingen wir den Gang entlang. Ich hielt nach Schwester Beatrice Ausschau. Ursl kam uns freudestrahlend entgegen. Einen schönen Tag, Herr Doktor!, sie streckte ihm die Hand entgegen, dann mir, und lief weiter in Richtung Damenzimmer. Dr. Winter holte den Schlüsselbund aus seiner Hosentasche. Er sperrte die Tür auf, ließ mich zuerst eintreten und machte sie hinter mir zu. Ich schwieg. Wir, Dr. Winter suchte nach dem Anfang, wir müssen vorsichtiger sein, wenn wir – Wenn wir?, fragte ich. Er umarmte mich. Ich spürte sein Herz wild pochen. Ich riss mich los. Er sah mich erschrocken an. Ich ging zur Tür und drehte den Schlüssel um. Meine Linkshänderin, sagte er liebevoll.

Was hat der Chefarzt gesagt?, wollte Frau Ott wissen. Die Ursl lässt Sie noch einmal ganz herzlich grüßen, richtete mir Frau Blaser aus. Ich ging an mein Bett und legte mich nieder. Die Horizontale erschien mir die beste Lage, das Glück möglichst lange aufzubewahren. Mir scheint, für die Wette steht es noch immer gut, meinte Frau Ott. Frau Blaser kletterte aus dem Bett und ging zum Fernseher. Wenn der Reini nur einmal zumindest Gegenstand einer Wette wär, sagte sie. Ist er nicht irgendwann wieder auf einer Umschulung?, fragte Frau Ott. Ja, sagte Frau Blaser, aber der Reini war schon auf vielen Umschulungen, und von keiner ist er mit einem Gewinn zurückgekommen. Eine Umschulung ist ja auch keine Singlebörse, stellte Frau Ferdinand fest. Im Gegensatz zu einem Krankenhaus, murmelte ich. Frau Blaser drehte den Fernseher an. Ob Dr. Winter an mich denkt?, fragte ich mich. Ob er an mich alleine oder in Verbindung mit sich denkt? Wie es für Frau Dr. Winter sein muss, wenn er an ein anderes Wir denkt? An was sie denkt – außer die Angst, zu verlieren, und den Ehrgeiz, niemals zu den Verlierern zu gehören? Im Fernsehen lief eine Werbung für einen Bausparvertrag. Frau Blaser rief in sie hinein: Ich würd das auch so gern einmal sehen, dass der Reini mit einem Menschen glücklich ist! Das Reihenhaus wär ja schon da.

Ich stand auf, warf mir meinen Bademantel über und zog meine Straßenschuhe an. Was haben Sie denn vor?, Frau Ott erstaunt. Ich mache einen Spaziergang. Einen Spaziergang?, fragte Frau Blaser verwundert. Ja, sagte ich. Ich sehe die ganze Zeit Patienten im Park. Sie wollen doch nicht alleine im Park herumspazieren mit Ihrem Perikarderguss, rief Frau Ott. Ich gehe ja nur vor die Tür. Nur vor die Tür, wiederholte Frau Ott und sah mich zweifelnd an. Ein bisschen frische Luft hat noch nie geschadet, meinte Frau Ferdinand, gehen Sie ruhig! Sie kommen aber wieder?, vergewisserte sich Frau Blaser. Soll sie im Bademantel nach Hause fahren?, Frau Ferdinand zu ihr.

Ich ging auf den Gang hinaus. Die Sohlen der Straßenschuhe quietschten leise, das war mir beim Betreten des Krankenhauses gar nicht aufgefallen. Ich musste an die Schwester mit der Linoleum-Stimme denken. Ich versuchte, möglichst leicht aufzutreten, um das Quietschen zu vermeiden. Ich wartete vor dem Lift. Schon wollte ich mich für die Treppen entscheiden, als ob ich wieder auf einen Aluminiumsarg treffen könnte. Da ging die Lifttür auf. Ein Arzt in weißem Kittel, zwei Frauen und ein übergewichtiger Mann, wie ich im Morgenmantel. Es gab eine Trennwand zwischen denjenigen, die kommen und gehen durften, und denjenigen, die blieben. Das Bleiben unweigerlich ein Zurückbleiben. Sie rückten zusammen. Ich stieg ein. Die Lifttür schloss sich. Die zwei Frauen – waren sie Mutter und Tochter? – unterhielten sich offenbar über den schlechten Gesundheitszustand eines Angehörigen. Ihr Mitleid wurde größer, je näher wir dem Erdgeschoss kamen. Ich sah zum Arzt. Er mochte im Alter von Dr. Winter sein. Immer wieder gähnte er. Seine Fingernägel waren tadellos maniküriert und bildeten einen Gegensatz zu den leicht fettigen Haaren. Er verließ den Lift im ersten Stock. Der übergewichtige Mann zog jetzt aus seiner

Brusttasche eine Packung Zigaretten. Die Frauen sahen ihn mit Missbilligung an, die in mir eine Komplizin suchte. Der übergewichtige Mann ließ uns den Vortritt.

Vor dem Eingang stand eine kleine Gruppe um den Aschenbecher. Zwei davon ebenfalls in weißen Kitteln. Die Ärztin und der Arzt, beide jung, zogen hektisch den Rauch ein, und aus der Art, wie sie den sich verbindenden Rauchringen nachsahen, die Hektik für einen Augenblick von etwas Stärkerem verdrängt, konnte man schließen, dass sie sich näher stehen wollten, als sie es vor dem Aschenbecher taten. Ein wenig davon entfernt ein Mann mit einer Frau, ihre Wangen seltsam eingesogen wie der halbleere Tropf, an dem er hing.

Ich ging den Weg, der weiter in den Park führte, ein Stück entlang, dann blieb ich stehen. Verloren stand ich unter den Bäumen. Was wollte ich hier? Spazierengehen, sagte ich mir und trat an einen Wegweiser. *Ausgang* stand in die eine Richtung, *Pavillon X–XII* in die andere. Ich ging Richtung *Pavillon X–XII*. Ja, ich wollte spazieren gehen. Die Sonne schien. Ein Klinikclown winkte mir mit seiner übergroßen grünen Plastikhand zu. Ein warmer Windstoß. Überall winkende grüne Hände in den Bäumen, deren Äste sich im Wind leicht bewegten. Ich blieb stehen und wandte den Kopf zum Klinikclown. Er stapfte mit seinen schwarzen Schuhen so groß wie die Baumhände in Richtung Onkologie.

Ich sah ihm nach, dann ging ich weiter. Pavillon X lag zu meiner Rechten, Pavillon XI zu meiner Linken. Ich wollte spazieren gehen. Zu Pavillon XII wollte ich nicht.

Ich blieb ein wenig vom Eingang entfernt stehen. *Urologie* stand in großen Buchstaben darüber. Hier arbeitet sie also, dachte ich. Da winkte mir wieder jemand zu. Keine grünen Plastikhände. Er? Im selben Augenblick sah ich sie. Wie sie an einem Fenster im Erdgeschoss neben dem Eingang stand – ihn ansah, wie er mich ansah. Ein schmerzlicher Ausdruck in ihrem Gesicht. In seinem Gesicht Erstaunen, dass ich nicht reagierte, obwohl er sah, dass ich ihn sah. Ein instinktives Drehen des Kopfes. Er zu ihr. Ich zu ihnen. Sie sah uns. Ein Karussell. Und ich musste an Onkel Gustls Sternstunde der Erkenntnis denken: Man weiß nie, wer gerade auf dem Karussell sitzt. Ich drehte mich um und ging weg. Den Blick beider fühlte ich im Rücken. Ich beschleunigte den Schritt. Warum drehte sich das Karussell dieses Mal so schnell, wie es sich noch nie gedreht hatte – für keinen Ikonenspezialisten, für keinen der anderen Spezialisten, allesamt solche der Unverbindlichkeit. Plötzlich stoppte ich. War das nicht mein Spezialgebiet? Ich ließ mich auf die nächstbeste Bank fallen. Bin ich nicht deswegen auf die Wette eingestiegen? Das Ungefähre das Ungefährliche. Aber ich habe mich geirrt. Die Frauen hätten dieses Mal ihre helle Freude mit dem Sich-Irren, dachte ich und erhob mich wieder. Für einen Moment musste ich stehen bleiben – es drehte mich.

Langsam ging ich Richtung Pavillon VIII zurück. Meine Schuhe quietschten wieder auf dem Gang. Es erschien mir so laut, und so groß die Schuhe wie die des Klinikclowns. Ich bin ein Klinikclown der anderen

Sorte, dachte ich jetzt, als ich die Klinke zum Damenzimmer N° 5 drückte.

Dass ich nicht lache: nur vor die Tür!, rief Frau Ott am Fenster stehend und sich zu mir umdrehend. Sogar hingesetzt haben Sie sich! Haben Sie Ihr Fernglas ins Krankenhaus mitgenommen? Dazu brauche ich keinen Gucker, sagte Frau Ott. Sondern mich, sagte Frau Blaser stolz, die neben Frau Ott am Fenster stand, und Frau Ott sagte: Eben Augen wie ein Luchs. Ich dachte, Sie sehen fern, erwiderte ich. Hab ich ja auch, sagte Frau Blaser. Wir haben Ihnen sogar zugewinkt, sagte Frau Ott. Aber Sie hatten nur Augen für etwas anderes. Der Park ist schön, sagte ich. Sie scheinen sich angestrengt zu haben. Es ist drückend draußen, erwiderte ich, was für ein Mai, und ich legte mich ins Bett. Na, wen sehe ich denn da! Um ein Haar hätten Sie sich getroffen, rief Frau Ott. Der Winter kommt gerade auf unseren Pavillon zu. So?, sagte ich, stieg wieder aus dem Bett und stellte mich zwischen die zwei Frauen. Wollen Sie ihm nicht winken?, fragte Frau Blaser. Nein, nein, sagte ich und machte einen Schritt zurück. Er ging an der Bank vorbei, auf der ich gesessen hatte. Der Dr. Winter scheint abwesend, urteilte Frau Ott. Das können Sie doch gar nicht von hier aus sehen!, Frau Ferdinand aus dem Hintergrund. Und ob, widersprach Frau Blaser für Frau Ott. Einen Moment hob Dr. Winter seinen Kopf. Warum machen Sie denn schon wieder einen Schritt zurück?, sagte Frau Ott. Ich? Schon war Dr. Winter im Eingang verschwunden. Ich legte mich zurück ins Bett –

und drehte meinen Kopf zu den Fenstern. Stört's Sie, wenn ich den Fernseher wieder aufdreh?, hörte ich Frau Blaser in meine Richtung. Jaja, murmelte ich. Da scheint noch jemand abwesend zu sein, meinte Frau Ott. Ich sah auf die Bäume im Park. Wo waren die winkenden Hände? Sie hielten sich zwischen Damenzimmer N° 5 und sieben Fenster weiter links fest.

Am nächsten Tag lag ich um drei Uhr immer noch unschlüssig in meinem Bett. Zweifel waren mir über Nacht plötzlich gekommen. Wollen Sie, dass ich Sie begleite?, bot sich Frau Ott an. Begleiten? Ich bin gerne eine moralische Stütze. Vielen Dank, sagte ich, so viel Moral schaffe ich doch noch alleine. Und ich stieg aus dem Bett. Ich klopfte gegen Dr. Winters Tür. Es blieb still. Ich klopfte erneut. Nichts. Ich wollte schon gehen, im selben Moment wurde sie aufgemacht. Das ewige Telefon, sagte er entschuldigend. Ich kann auch später – Nein! Komm doch bitte herein!, und er sperrte hinter mir ab. Wir schwiegen. Ich sah in die hellen Augen. Darf ich dich abhören?, fragten sie wie die eines Seekranken, Land herbeisehnend – der Wäscheduft musste mir zu Kopf gestiegen sein.

Ich zog das Hemd aus. Er trat an mich heran. Und da legte er sein Ohr an meine Brust. Ein Klopfen. Wir schreckten hoch. Jemand drückte die Türklinke. Dr. Winter führte den Zeigefinger an den Mund. Schnell schlüpfte ich wieder in das Hemd. Wir warteten und horchten. Nach einer Viertelstunde trat ich aus Dr. Winters Zimmer auf den Gang. Schwester Beatrice stand gegenüber am Fenster und sah mich an. Das Licht duckte sich unter den Bäumen. Herr Aboubakar rief meinen Namen und winkte mir vom Ende des Gangs zu. Ich ging in seine Richtung. Schwester Beatrice böse, flüsterte er. Aber Dr. Winter schön, meinte er. Ja, erwiderte ich. Ich musste lächeln, wurde aber gleich wieder ernst. Er ist vergeben, sagte ich. Vergeben?, Herr Aboubakar verstand nicht. Verheiratet, erklärte ich. Ah, sagte Herr Aboubakar, und Sie, auch verheiratet? Nein, sagte ich. Vergeben nicht gut?, fragte er. Vergeben sein, meinen Sie? Herr Aboubakar runzelte die Stirn: Liebe manchmal schwer, sagte er. Ja, erwiderte ich und seufzte. Ich sah in sein Gesicht. Es war zerfurcht von Falten. Er kann nicht so alt sein, dachte ich. Pistazien für meine Freundinnen, sagte er und gab mir welche in die Hand. Danke, sagte ich. Die anderen werden sich freuen. Ja, sagte Herr Aboubakar, freuen wichtig.

Die Frauen sahen mich neugierig an, als ich zurückkam. Die Hyäne ist gekommen, sagte ich nur. Hoffentlich schnappt sie sich nicht unsere Wette, Frau Ott besorgt. Aber einen Zauber kann man nicht so einfach durchbrechen, sie sogleich beruhigt. Also, den Zauber zwischen dem Bruno und mir, sagte Frau Blaser, stand auf und ging zum Fernseher. Der Zauber zwischen dem, Frau Ferdinand leise zu sich, Hans und mir. Ja, erzählen Sie uns doch von Ihrem Erich!, ermunterte sie Frau Ott. Frau Ferdinand antwortete nicht. Also ich hätte da auch noch die eine oder andere zauberhafte Geschichte auf Lager, meinte Frau Ott. Niemand reagierte. Ja, was brauchen wir auch eine zu hören, sagte sie schließlich, wenn wir ja hier eine miterleben können!

Nachts in die Dunkelheit flüsterte Frau Ferdinand unvermittelt: Wie wir beim Bienenhäuschen gestanden sind, der Hans und ich – plötzlich sah ich ihre Lippen wie eine Zigarette in der Dunkelheit glühen. Ja, sagte ich, Sie waren seine Königin. Frau Ferdinand begann zu weinen. Ich richtete mich auf: Aber Frau Ferdinand, stotterte ich, ich wollte doch nicht. Das Furchtbare ist, Frau Ferdinand unterdrückte ein Schluchzen: Der Hans kann mich nur hassen. Und ich, ich liebe ihn noch immer. Frau Ferdinand –, ich stand auf und ging an ihr Bett. Frau Ferdinand? Sie weinte. Wollen Sie, ich war hilflos, wollen Sie vielleicht ein Glas Wasser? Diesen Hahn wusste ich zumindest wieder zuzudrehen.

Und wie haben Sie geschlafen?, Frau Ott zu mir am Morgen. Ich sah, wie mich Frau Ferdinand ansah. Gut, sagte ich leise. Vielleicht sogar vom Dr. Winter geträumt?, fragte Frau Ott und streckte sich. Ich schüttelte den Kopf. Aber ich!, rief Frau Blaser und fügte schnell hinzu: Der Reini kam auch vor. Ich bin ja einmal auf Ihr Treffen heute gespannt, sagte Frau Ott. Ach, erwiderte ich und seufzte. Alles wird gut, Sie werden sehen, beruhigte sie mich. Frau Ferdinand schlug die Augen nieder.

Wir wurden verraten, Dr. Winter kurz nach drei Uhr sieben Fenster weiter links von meinem Bett. Dieser Satz, der erste Dominostein, dachte ich. Welcher Stein am Schluss fiel, war klar.

Georg, der mich das Zimmer aufgewühlt verlassen sah, rauschte Richtung Lift. Er tat so, als würde er mich nicht bemerken, obwohl sich unsere Blicke kreuzten. Also dafür sind Sie jetzt aber wieder schnell da, sagte Frau Ott, als ich zurückkam. Wofür?, fragte ich voller Selbstmitleid. Na, normalerweise dauert es länger, sagte Frau Blaser, die vor dem Fernseher saß und jetzt den Ton auf lautlos stellte. Es ist vorbei, sagte ich und setzte mich auf das Bett. Vorbei?, die Frauen sahen mich überrascht an. Ich nickte. Aber wieso denn?, stutzten sie. Seine Frau, begann ich – Seine Frau, seine Frau, winkte Frau Ott ab. Beim Reini, meinte Frau Blaser vorsichtig, hätt's den Vorteil – Und bis jetzt hat es doch Spaß gemacht!, rief Frau Ott dazwischen. Ihnen vielleicht, antworte ich. Jetzt tun Sie nicht so! Das Techtelmechtel hat Ihnen sichtlich gut getan! Ihnen noch besser, murmelte ich und dachte: Techtelmechtel. So geht das nicht, sagte Frau Ott. Hören Sie, sagte ich, Dr. Winter und ich – Genau das meinen wir, sagte Frau Ott, Dr. Winter und Sie. Ich legte mich zurück. Es ist vorbei, wiederholte ich. Papperlapapp, sagte Frau Ott. Ein für allemal, erwiderte ich. Sie geben immer zu schnell auf, entgegnete Frau Ott. Ich schüttelte den Kopf. Doch, insistierte Frau Ott, Dr. Winter ist einsam, Sie sind einsam, das ist die beste Voraussetzung. Ich habe genug Freunde, murmelte ich, die meisten halt unterwegs. Freunde haben wir auch genug, die meisten halt schon tot, meinte Frau Ott. Aber einen Mann an Ihrer Seite – Bei Ihnen dreht sich alles konstant nur um Männer, fiel ich ihr ins Wort. Das stimmt, gab mir Frau Blaser kleinlaut Recht. Es kann auch eine Frau sein, sagte Frau Ott, das ist mir persönlich wurscht. Was meinen Sie jetzt damit, Frau Blaser schaute sie mit großen Augen an. Nur einsam sollten Sie nicht sein. Ich bin nicht einsam, widersprach ich. Jaja, sagte Frau Ott: Wir auch nicht. Es ist vorbei, erwiderte ich nur. Vielleicht haben Sie ja denselben Urinstinkt wie ich, sagte Frau Ott da zu mir. Wie bitte? Na, dass Sie sich nur in Männer verlieben, die nur kurz da sind. Sie selbst haben ihn mir ja ans Herz gelegt, erwiderte ich. Trotzdem, sagte Frau Ott. Ich glaube an keinen Urinstinkt, entgegnete ich. Das könnte Ihr Fehler sein, meinte Frau Ott. Was ist ein Urinstinkt?, fragte Frau Blaser. Bei mir ist das auf alle Fälle genauso, sagte Frau Ott, die Männer sind nie lange geblieben. Ausgenommen der Otti, aber der ist ja auch gestorben. Was ist ein Urinstinkt?, Frau Blaser ließ nicht locker. Na, eben etwas ganz tief drinnen in einem, erklärte Frau Ott und klappte ihren Taschenspiegel auf. Frau Blaser blickte suchend an sich hinab: Ob ich auch so etwas hab? Ich zum Beispiel, Frau Ott begutachtete den Sitz ihrer Frisur, ich habe das schon ganz früh gespeichert, der Mann, der ist, wenn er da ist, nie lange da, weil der Vati nicht mehr aus dem Krieg zurückgekommen ist. Aber Sie hätten doch einfach die Poldis und Ludwigs und Aloise, und wie sie alle heißen, nicht rauswerfen müssen, entgegnete Frau Ferdinand. Deswegen, sagte Frau Ott. Und das meine ich mit Urinstinkt. So was hab ich nicht, war Frau Blaser glücklich. Frau Ott klappte ihren Taschenspiegel zu. Und, haben Sie Ihren Urinstinkt gesehen?, fragte Frau Blaser und drehte den Ton wieder an. Wollen Sie nicht mit mir die Quizsendung anschauen, das lenkt ab, rief sie mir zu. Fernsehen hat mich noch nie abgelenkt, entgegnete ich. Ich persönlich mach mir ja auch nicht so viel aus Fernsehen, meinte Frau Blaser. Aber als der Bruno dann gestorben ist, dann haben wir, mein Reini und ich, uns schon mehr im Fernsehen angesehen, war ja niemand mehr, der es hat verbieten können. Der Georg hat sogar einen vorm Bett hängen, hörte ich Frau Ferdinand, und an mich adressiert: Er war hier und hat auch nach Ihnen gefragt. Wo Sie schon wieder sind, hat er gefragt, sagte Frau Blaser. So ein Fernsehgerät hängt bestimmt auch bei den Winters, meinte Frau Ott. Die sind ja sicher nicht gerade arm. So reich könnte ich gar nicht sein, erwiderte ich, und die Vorstellung von Dr. Winter in einem Ehebett, über dem ein Fernseher hing, deprimierte mich. Na, wollen Sie nicht doch kommen, Frau Blaser zu mir. Vielleicht schaut sich der Winter auch die Quizsendung an. Morgen können Sie ihn ja fragen, erwiderte Frau Ott. Ich schloss meine Augen. Jetzt könne man noch die Notbremse ziehen, hatte er gesagt. Und von seiner Ehe hatte er etwas gesagt, etwas von Vertrauensbruch. Ein Ultimatum hatte er erwähnt. Das Stethoskop auf dem Tisch vor ihm. Es war unsere Verbindungslinie gewesen. Aber was waren Verbindungslinien? Hatte er gesagt: Ich habe meiner Frau viel zu verdanken? Eine Verbindungslinie hatte damit nichts zu tun. Es ist vernünftiger, hatte er das auch gesagt? Eine schwierige Situation? Hatte er es wiederholt, damit er es auch glaubte? Hatte ich tatsächlich geantwortet: Ich verstehe? Vor mir sah ich erneut, wie er mich zur Tür begleitet hatte. Wie wir uns gegenübergestanden waren und er mich angeschaut hatte – als ob er bereits auf mich zurückblickte.

Schalen

Und, Dr. Winter, haben Sie gestern auch die Quizsendung gesehen?, behelligte Frau Blaser ihn sogleich bei der Visite. Noch keine Minute war er im Zimmer. Meine Frau, sagte er nur und sah blass aus. Sie nicht?, Frau Blaser war enttäuscht. Noch bin ich nicht mit der Echokardiographie zufrieden, sagte er zu mir, ohne mich anzusehen. Die ist wirklich spannend, die Quizsendung, fuhr Frau Blaser fort. Frau Ott fragte: Das Küken muss noch dableiben? Man lernt dabei gar nicht so wenig, meinte Frau Blaser. Hören Sie doch einen Moment auf mit Ihrer Quizsendungsmission, fauchte Frau Ott sie an. Was ist denn?, Frau Blaser war eingeschnappt. Wir sind bei einer Visite, erinnerte sie Frau Ott. Frau Blaser setzte sich gerade auf und sagte wie ein kleines Mädchen: Entschuldigung, Herr Doktor. Ist schon gut, murmelte Dr. Winter, und zu mir: Ja, Sie müssen noch bleiben. Beharrlich wich er meinem Blick aus.

Nachdem er gegangen war, sah mich Frau Ott eindringlich an und sagte: Sie müssen mit ihm reden! Da gibt es nichts mehr zu reden, erwiderte ich. Wir wollen die Wette noch gewinnen, sagte sie. Es tut mir leid für Ihre Wette, sagte ich nur. Frau Ott rief: So schnell darf man sich nicht geschlagen geben! Ich schwieg. Eine Niederlage zählt nur, wenn man auch richtig gekämpft hat! Ich kämpfe nicht alleine, sagte ich. Der Winter kämpft doch auch – mit sich! Ich schüttelte nur den

Kopf. Das sieht man ihm doch von hundert Metern an, wie der mit sich kämpft, oder, Frau Blaser? Ja, sagte Frau Blaser, von hundert Metern. Frau Ferdinand? Ich hörte nicht mehr hin. In meinem Kopf Dr. Winters Stimme: Und das liebe ich, und ich spürte an meinem Körper, wie er mit den Fingern vorsichtig meine Lippen nachfuhr. Der Phantomschmerz des Amputierten, dachte ich. Kann ich ein paar Pistazien haben?, bat ich. Sie ist angespannt, Frau Ott zu Frau Blaser. Geben Sie ihr doch einfach Pistazien, Frau Ferdinand von gegenüber.

Da: Unruhe vom Gang. Ein Durcheinander an Stimmen. Aufgeregtes Rufen. Jemand rannte. Was ist denn dort draußen los?, Frau Ott drehte den Kopf zur offenen Tür. Kammerflimmern bei Herrn Aboubakar!, hallte Schwester Beatrices Stimme vom Gang. Frau Ott fielen die Pistazien aus der Hand. Sie rollten durch den Raum. Frau Blaser rief: Herr Abou? Frau Ferdinand richtete sich erschrocken auf. Ich sprang überstürzt aus dem Bett und lief hinaus. Dr. Winter hetzte in das Herrenzimmer. Es bildete sich eine Menschentraube. Durch die Tür sah man, wie Dr. Winter versuchte, Herrn Aboubakar zu reanimieren. Frau Blaser und Frau Ferdinand klammerten sich an ihre Gehwagen. Frau Otts Stock zitterte. Die Tür zum Herrenzimmer wurde geschlossen. Wenig später kamen die Männer, die ich vom ersten Tag aus dem Lift kannte. Auf Wiedersehen, sagten sie ein zweites Mal zu mir, und sie trugen den Aluminiumsarg an uns vorbei hinaus.

Ich ging in das Zimmer zurück und sammelte die Pistazien vom Boden auf. Gerade noch hatte Herr Aboubakar eine geöffnet – jetzt war nur noch seine Schale übrig. Mechanisch öffnete ich eine nach der anderen. Und legte die Schalen wieder aneinander. Nicht alle fanden zueinander.

Ich musste zu ihm. Als ich an der sperrangelweiten Tür des Schwesternzimmers vorbeikam, hörte ich Schwester Beatrice herumalbern. Dr. Winter war nicht da. Ich musste lange warten. Endlich erschien er. Mit hängendem Kopf kam er den Gang entlang und bemerkte mich erst, als er schon vor der Tür stand. Wir haben alles versucht, sagte er leise und schloss auf. Die Tränen traten mir in die Augen. Ohne zu zögern zog er mich an sich. Der Tod hatte das Verbot aufgehoben. Vorsichtig legte er die Arme um mich. Vertrauter Wäschegeruch.

Nie werde ich vergessen, sagte er in meine Haare, wie Herr Aboubakar mir erzählt hat, dass er noch nach all den Jahren seine Frau hören konnte, obwohl er sich im Versteck die Ohren zugehalten hatte. Zuhalten musste. Ich blickte erschrocken auf. Und sah, wie Herr Aboubakar das Gesicht auf den Boden drückte und die Hände gegen die Ohren presste. Wie er aus dem Versteck kroch und in der Dunkelheit über etwas stolperte. Wie das Etwas der Körper seiner Frau war. Ich schluckte. Ich habe Herrn Aboubakar kein einziges Mal nach seiner Liebe gefragt, dachte ich. Und ich habe ihn auch nie gefragt, wie er auf die Pistazien gekommen ist. Geredet nur über mich. Wenn er nicht gestorben wäre, wäre es mir nicht einmal aufgefallen, und an Dr. Winters von mir nass geweinter Brust schämte ich mich. Er hat es sich nie verziehen, dass er überlebt hat – und nicht seine Frau, sagte Dr. Winter, und er ließ mich los. Ich trieb wie eine Boje, die ihre Verankerung verloren hatte, auf den Gang hinaus.

Es war still im Damenzimmer N° 5, als ich es wieder betrat. Niemand fragte mich, wo ich gewesen war. Zusammengeknüllte Taschentücher lagen auf den Nachttischen. Ich legte mich ins Bett und drehte den Kopf zum Fenster. Stand da nicht jemand und winkte? Ich richtete mich augenblicklich auf. Ja, von gegenüber winkte jemand. Ich machte den Mund auf: Frau Ott – wollte ich ansetzen, der Jemand war verschwunden. Frau Blaser durchbrach als Erste die Stille. Als Kind, sagte sie, hat der Reini eine interessante Theorie aufgestellt: Er hat gesagt, wenn man stirbt, dann wird man zu einem – Vogel, murmelte Frau Ott – Ja, sagte Frau Blaser erstaunt, Woher wissen Sie das? Frau Ott sah Frau Blaser nur an. Und ich glaub, sagte Frau Blaser weiter, der Herr Abou, dem seine Seele oder was immer, die würd gleich einen Vogel finden, denn der Abou, der war ein feiner Mann. Hätte nur ich statt dem Abou sterben können, murmelte Frau Ferdinand. Ein Jammer, dass er jetzt tot ist, der Abou, sagte Frau Blaser. Von weit her ist er gekommen – Bis in die Innenstadt am Schluss, warf Frau Ott ein –, und nun alles umsonst, und Frau Blaser seufzte. Wenn man sich wenigstens sicher sein könnte, Frau Ott darauf, dass danach irgendwas wäre, so eine ausgleichende Gerechtigkeit, wie's so schön heißt. Ausgleichende Gerechtigkeit, wiederholte Frau Ferdinand. Aber gibt es ja nicht, vermutlich, lächelte Frau Ott schwach. Wissen kann man's nicht, meinte Frau Blaser, ist ja noch niemand zurückgekommen. Ja, sagte Frau Ott, das Einzige, was gewiss ist: Dem Abou tut jetzt nichts mehr weh.

Als die Schwester kam und die Raumbeleuchtung ausdrehte, war es eine Weile ganz ruhig. Ich kann nicht schlafen, sprach Frau Ott als Erste in die Dunkelheit. Ich auch nicht, kam es von Frau Blasers Bett. Ich drehte das Licht an. Wir sahen zu Frau Ferdinand. Sie lag mit offenen Augen da. Frau Ferdinand, Frau Otts Stimme schrillte. Ich kann auch nicht schlafen, antwortete Frau Ferdinand leise. Frau Ott atmete auf. Ich muss immerzu an den Abou denken, sagte Frau Ferdinand. Dass er jetzt nicht mehr da ist, das will mir auch nicht in den Kopf, erwiderte Frau Ott. Ich möcht gern wissen, was der Dr. Winter dazu sagt, sagte Frau Blaser in meine Richtung. Wollen wir heute Nacht das Licht brennen lassen?, fragte ich.

Haben Sie die Geräusche in der Nacht gehört?, rief Frau Ott am Morgen aufgeregt. Welche Geräusche?, fragte Frau Blaser. Wie fühlen Sie sich heute?, Dr. Winter kam herein. Schwester Beatrice folgte ihm in geringem Abstand. Er wirkte sehr bekümmert. Ich fühl mich nicht so gut, meldete sich Frau Blaser sogleich. Frau Ott kam ihr zuvor: Hier sind in der Nacht eigenartige Geräusche. Sie können nicht schlafen?, fragte Dr. Winter und notierte sich etwas. Die Geräusche, Herr Doktor, sind seltsam. Frau Ott, wenn man nicht schlafen kann, dann – Ich bilde mir das nicht ein, unterbrach ihn Frau Ott. Natürlich nicht, sagte Dr. Winter. Ich meine nur. Ich höre sehr gut, Herr Doktor, sagte Frau Ott. Ich schlage vor, Sie nehmen heute Abend diese Tropfen, und dann erzählen Sie mir morgen wieder, was Sie gehört haben, in Ordnung? Frau Ott schien nicht zufrieden, sie vergaß sogar ihren Ein-Engel-geht-durchs-Zimmer-Blick. Weiß man eigentlich schon was über die Todesursache unseres Abous?, erkundigte sich Frau Ferdinand. Sein Herz war geschwächt, sagte Dr. Winter einsilbig. Und Schwester Beatrice fügte grob hinzu: In einem Krankenhaus sterben manchmal Menschen. Genug, fuhr Dr. Winter ihr über den Mund, zu Frau Ott sagte er freundlich: Sie werden heute gut schlafen. Er ging an mein Bett. Wenn Sie sich bitte freimachen würden. Ein Blickwechsel.

Das ist der Herr Abou, sagte Frau Ott, als Dr. Winter und Schwester Beatrice, die ihn nicht aus den Augen gelassen hatte, gegangen waren. Was soll er sein? Die Geräusche, sagte Frau Ott. Ich höre ihn in der Nacht auf dem Gang. Auf dem Gang?, fragte Frau Blaser verängstigt. Das gibt es doch gar nicht, sagte Frau Ferdinand. Ich bin ihm aber schon begegnet, sagte Frau Ott. Begegnet? Sie haben ihn gesehen?, Frau Blaser blickte Frau Ott mit großen Augen an. Vielleicht hätten wir nicht das Licht brennen lassen sollen, murmelte ich. Nicht direkt gesehen, sagte Frau Ott, aber gehört. Das war die Italienischkassette, brummte Frau Ferdinand. Wenn ich sterben sollte, sagte Frau Ott beleidigt, dann werde ich nicht hier herumgeistern, da brauchen Sie sich erst gar keine Hoffnungen zu machen! Ich glaub ja eigentlich gar nicht so richtig an etwas, sinnierte Frau Blaser, obwohl, jetzt sollt ich vielleicht einmal damit anfangen, weil, man kann ja nie wissen. Und laut, als ob jemand mitschreiben würde: Ich hab schon damit begonnen! Na, glauben Sie jetzt, oder glauben Sie nicht?, fragte Frau Ferdinand. Und zu sich: Wir gehen alle wohin. Deswegen hat der Otti so eine Angst gehabt, sagte Frau Ott, weil er sich gedacht hat, alle gehen wohin, aber er kommt nicht nach, mit nur einem Bein. Ich hab den Otti zu beruhigen versucht: Die Mutti wartet ja auf dich. Und das ist das Einzige, sagte Frau Ott, worauf ich persönlich mich freue, dann, wenn ich tot bin: dass ich dort bin, wo die Mutti ist, Frau Ott schien der Otti entfallen zu sein. Dort, wo er ist, verlor sich Frau Ferdinand. Also dort, wo der Bruno ist, da müsst ich nicht unbedingt sein, ihn hab ich ja schon ein ganzes Leben lang gesehen, sagte Frau Blaser. Ja, wenn die Mutti noch da bei mir wäre, das wäre so schön, und Frau Otts Stimme bekam etwas Wehmütiges. Also, ich weiß nicht, ob der Reini sich über den Bruno – warf Frau Blaser ein. Ach ja, die Mutti, sagte Frau Ott und seufzte. Wenigstens ist sie mit einem ganz friedlichen Ausdruck gestorben, den würde ich mir für den Abou erhoffen. Der Otti, der sah nämlich nicht friedlich aus, meinte Frau Ott. Der sah genau genommen überhaupt nicht aus. Da war noch das Gesicht vom Otti, aber kein Otti mehr. So wie ein Haus noch steht, auch wenn der, der dort gewohnt hat, schon fortgezogen ist. Gespenstisch war das, denn der Otti hatte die Augen auf, aber da war keiner mehr da. Ich habe gerufen: Otti! Die Fenster standen offen, und niemand hat herausgeschaut. Beim Bruno, meinte Frau Blaser, hab ich schon manchmal, als der noch am Leben war, gedacht: Niemand schaut heraus. Wahrscheinlich war der Reini deswegen nicht so traurig wie bei seinem Vögelchen, das er unter der Wärmelampe aufgezogen hat, aber das dann gestorben ist. Er hat geweint, so hab ich den Reini noch nie weinen sehen. Eben nicht einmal, als der Bruno gestorben ist. Aber der Bruno, der war ja wie gesagt im Kopf schon länger nicht mehr ganz da, relativierte Frau Blaser. Im Gegensatz zu einem Vogel, murmelte Frau Ferdinand. Ich, sagte Frau Blaser, ich hab natürlich schon geweint, als der Bruno endlich gestorben ist. Mit dem Bruno war ich ja lange verheiratet und hab ja auch den Reini und die Ursl gekriegt, gemeinsam mit dem Bruno, auch wenn der nicht viel getan hat, für die Kinder, mein ich, für die Rezeption schon. Ich hab mir ein Leben ohne den Bruno gar nicht vorstellen können, obwohl ich mir das oft vorgestellt hab, wie das so wär, ohne Bruno an meiner Seite. Das ist halt schon ein Unterschied, ob man sich gerade kennen gelernt hat oder schon Jahre kennt. Und ich frag mich immer, ob man, wenn man sich gerade erst kennen gelernt hätt, nicht mehr weinen tät. Frau Blaser machte eine Pause. Sie schien darüber nachzudenken. Beim Otti, da habe ich wie ein Schlosshund geweint, sagte Frau Ott. Weil wenn so ein großer Witzbold, Frau Ott machte mit beiden Händen einen Halbkreis, wie der Otti ja einer war, wenn der dann plötzlich stirbt, dann ist das, als wäre der Witz nicht zu Ende erzählt worden. So war das beim Bruno eben nicht, Frau Blaser darauf. Ich denke mir ja manchmal, sagte Frau Ott plötzlich, ob es nicht überhaupt besser wäre, wenn man nicht so viel weinen würde, sondern mit den Toten stattdessen feiern. Frau Ferdinand schien bei dem Gedanken zu erblassen. Aber jede Kultur hat eben ihre Rituale. Ich habe ja viel von anderen Kulturen gehört im Reisebüro: Wir lassen die Toten in der Erde und weinen, andere graben sie aus und feiern. Feiern kann ich auch, ohne den Bruno ausbuddeln zu müssen, meinte Frau Blaser darauf. Dass wir uns gar nicht vom Abou verabschieden konnten, sagte nun Frau Ferdinand. Sich zu verabschieden, das ist – und sie suchte nach Worten.

Ja, pflichtete Frau Blaser bei, wenn ich mich nicht vom Bruno verabschiedet hätt, dann hätt ich sicher immer damit gerechnet, dass der doch irgendwann wieder in der Tür steht. Beim Bruno hat man ja nie wissen können! Ich hab auch erst den Arzt gerufen, als ich mir da todsicher war, sag ich Ihnen, nicht dass sie am End noch den Bruno lebendig begraben hätten – und er dann ganz verdreckt in der Tür gestanden wär! Dem Bruno seinem Willen wär kein Sargdeckel zu schwer gewesen! Was wäre dem Vati nicht zu schwer gewesen?, fragte Ursl in der Tür. Ursl, meine Liebe, komm nur! Stell dir vor, der Herr Abou aus dem Herrenzimmer ist gestern gestorben! Das tut mir aber leid, sagte Ursl voller Anteilnahme. So ein freundlicher Mann. Ja, seufzte Frau Blaser. Und er war doch nicht viel älter als ich, sagte Ursl kopfschüttelnd. Man sieht, wie schnell es gehen kann, meinte Frau Blaser, und mit einem Ächzen: Wo ist denn der Reini? Der mäht noch den Rasen fertig. Der Reini mäht den Rasen?, Frau Blaser vergaß zu ächzen. Das geht doch nicht, dass der Garten so verwildert, sagte Ursl. Für dem Vati sein Grab habe ich mich auch schon wegen einer Grabpflege erkundigt. Das Grab pfleg doch ich, entgegnete Frau Blaser. Das kostet gar nicht so viel, meinte Ursl. Immer hab ich das gepflegt, versteifte sich Frau Blaser. Die Kosten für die Grabpflege übernehmen der Xuan und ich, ich habe schon mit ihm gesprochen, und sie nahm Frau Blasers Hand. Einen Moment ruhte ihr Blick auf Frau Blasers Gesicht, dann räusperte sie sich und meinte: Der Reini, der wäre uns übrigens dort eine große Hilfe. Er hat – Ursl beobachtete Frau Blaser genau – ganz von sich aus gemeint, dass er gerne ein, zwei Monate im Imbiss mithelfen würde. Dass der Reini was von sich aus meint, wär mir neu, murmelte Frau Blaser. Ich glaube auch, dass dem Reini ein bis zwei Monate Amerika ganz gut tun würden. Als ich vor sieben Jahren hier war, hat er so viel besser ausgesehen. Da war er noch an der Rezeption, erwiderte Frau Blaser. Eben, deswegen wäre es gut, wenn er eine Beschäftigung hätte. Der Reini darf gar nicht wegfahren, das erlaubt das Arbeitsamt nicht. Er verliert die Monate die Unterstützung, aber er hat ja den Xuan und mich. Gar nicht wegfahren darf der Reini, rief Frau Blaser wieder. Und ich bin ganz und gar nicht gesund genug! Mutti, sagte Ursl, ich würde mir wünschen, du würdest dem Reini keine Steine in den Weg legen. Ich habe den Rasen gemäht, kam es strahlend von Reini in der Tür. Frau Blaser hob den Kopf. Reini, ich hab heute schon von deinem Vögelchen erzählt, weißt du noch, das du unter der Wärmelampe aufgezogen hast!, und sie klopfte auf ihre Bettdecke: Komm, setz dich zu uns! Reini grüßte uns und ging ans Bett von Frau Blaser. Der Herr Abou ist leider gestorben, teilte Ursl ihm mit. Der Herr Abou?, Reini war betroffen. Ja, sagte Ursl, hat mir die Mutti gerade erzählt. Er hat nicht gut ausgeschaut, meinte Reini, aber dass es ihm so schlecht gegangen ist. Wir sind doch alle hier Todeskandidaten, rief Frau Blaser dramatisch. Reini sah sie erschrocken an. Ursl machte ihm mit den Augen ein

Zeichen. Na, na, na, sagte Frau Ott. Bei mir lässt sich der Tod dafür Zeit, versetzte Frau Ferdinand. Für einen Moment meldete sich der Wunsch, Dr. Winter todtraurig an meinem Grab, auch ich dramatisch. Ich bin auf alle Fälle froh, dass du bei mir bleibst, Reini, sagte Frau Blaser. Er schluckte. Sie griff nach seiner Hand: Du bist ein guter Junge. Er strich liebevoll über die gefurchte Innenseite ihrer Hand. Ein guter Junge bist du, Frau Blaser wieder, die Stimme gedämpft. Wenn ich, Frau Blaser sprach jetzt abgehackt, wenn ich dann draußen bin, dann machen wir uns eine schöne Zeit, du und ich. Ja, sagte Reini und schluckte wieder. Ursl räusperte sich. Und weißt du, Frau Blaser stockend, was ich mir gedacht hab, Reini? Reini schüttelte den Kopf. Dass wir ein Vogelbad im Garten machen könnten. Ist das eine Idee, Reini? Ja, sagte Reini leise. Frau Blaser lächelte. Ja, sagte sie und sah dabei Ursl an, dann hast du nämlich deinen eigenen Vogelpark. Reini streichelte die Hand. Du wirst mich nicht im Stich lassen, Reini, stimmt's?, Frau Blaser zu ihm. Reini sah hilflos zu Ursl. Versprochen? Mutti, unterbrach sie Ursl, was habe ich dir gerade gesagt? Dass dem Reini die Unterstützung gestrichen wird, wenn er wegfährt, gab Frau Blaser zurück. Morgen reden wir noch einmal darüber, sagte Ursl und erhob sich. Die Aufnahmen waren schön, oder?, Reini zu mir, als er aufstand. Ja, murmelte ich. Ich hatte sie vergessen in der ganzen Aufregung. Soll ich sie noch da lassen, fragte er mich. Bitte, erwiderte ich. Morgen komme ich wieder, sagte er und huschte schnell zu Ursl hinaus.

Das Grab hab immer ich gepflegt, murmelte Frau Blaser, als die Tür ins Schloss fiel. Sie drehte den Kopf zu mir: Der Reini ist ein feiner Kerl, gell. Ja, antwortete ich. Der würd sich schon noch für Sie interessieren, glaub ich. Und er fährt ja jetzt auch nicht nach Amerika. Also ich, ich hüstelte, ich glaube, der Reini würde schon ganz gerne fahren. Frau Blaser sah mich misstrauisch an. Das sage ich doch die ganze Zeit, rief Frau Ott. Ist das eine Verschwörung?, fragte Frau Blaser. Frau Blaser, erwiderte Frau Ferdinand, niemand verschwört sich gegen irgendwen. Gegen den Reini und mich, empörte sich Frau Blaser. Wir haben doch nur gemeint, dass der Reini vielleicht durchaus gerne nach Amerika fahren würde. Der Reini ist ohne mich verloren, sagte Frau Blaser, und ächzend griff sie sich an die Stirn: Wie schwindelig mir schon wieder ist! Wir wechselten einen Blick. Frau Blaser, sagte ich, schlafen Sie jetzt einmal.

Und haben Sie den Abou wieder gehört?, Frau Blaser in der Früh fast ehrfurchtsvoll zu Frau Ott. Freilich, sagte Frau Ott. Gut, dass es Ihnen wieder besser geht, sagte ich zu Frau Blaser. Das habe ich von der Mutti, das Übersensible, Frau Ott über sich, genauso wie sie spüre ich auch immer alles. Immer alles, dachte ich. Ein Wunder, dass ich noch keinen Krebs bekommen habe. So durchlässig, wie ich bin. Ich könnte mir vorstellen, der Dr. Winter ist auch so einer. Der fühlt bestimmt, dass es Ihnen, sie sah mich an, nicht gut geht. Warum sagt er dann nichts, murmelte ich. Weil die Schwester Beatrice ihn auf Schritt und Tritt überwacht. Durchlässig ist die nämlich nicht, meinte Frau Ott. Ich glaube, der Herr Abou war auch durchlässig, sagte Frau Ferdinand und seufzte. Das ist wahr, erwiderte Frau Ott. Hoffentlich hat er endlich seinen Frieden finden können! Bestimmt, kam es voller Optimismus aus Ursls Mund. Sie stand plötzlich im Zimmer und grüßte freundlich. Kommt der Reini auch?, fragte Frau Blaser und fügte hinzu: Er wird wohl nicht noch einmal den Rasen mähen. Den Reini hab ich zum Baumarkt geschickt, sagte Ursl. Den Reini? Zum Baumarkt? Ja – und leiser –, weil ich etwas mit dir besprechen will. Ich machte mein Heft auf, Frau Ott ihr Buch, Frau Ferdinand die Lider zu. Aber der Reini geht doch im Baumarkt verloren, sorgte sich Frau Blaser. Mutti, der Reini findet sich schon zurecht, erwiderte Ursl. Gib mir einen Schluck Wasser, bat Frau Blaser. Ursl schenkte ein und führte das Glas an Frau Blasers Lippen. Mutti, sagte sie und stellte das Glas ab, du solltest den Reini fahren lassen. Kommt nicht in Frage, erwiderte Frau Blaser. Frau Ott hob kurz ihren Kopf. Mutti, jetzt bist du noch hier und gut betreut. Und ich kann schon vom Spital aus eine Heimhilfe für später organisieren, das ist in jedem Fall gut, auch wenn der Reini wieder da ist. Und ganz allein bist du nicht, du hast ja deine Zimmergenossinnen, und sie sah mit ihrem offenen Lächeln zu uns, die vergessen hatten, beschäftigt zu tun. Aber ich fühl mich trotzdem nicht gut, sagte Frau Blaser. Wir würden heute ins Reisebüro gehen. Überhaupt nicht gut fühl ich mich. Mutti, bitte! Der Reini kommt doch wieder zurück, allein schon für die Umschulung. Es ist nur für ein bis zwei Monate! Zwei Monate sind eine Ewigkeit, sagte Frau Blaser und griff sich an die Stirn: Gar nicht gut. Kurz nach dem Aufwachen ist es Ihnen aber nicht so schlecht gegangen, bemerkte Frau Ott. Dafür jetzt, trotzte Frau Blaser. Du wirst sehen, die zwei Monate vergehen im Flug, sagte Ursl. Im Flug vergeh ich, erwiderte Frau Blaser. Mutti, sagte Ursl, jetzt übertreibst du aber! Und lass uns doch nicht im Streit auseinandergehen. Sie erhob sich: Ich ruf an, wenn ich in Amerika angekommen bin, gut? Lauter bunte Flecken hab ich vor den Augen, sagte Frau Blaser. Ursl küsste Frau Blaser auf die Wange. Frau Blaser griff sich wieder an die Stirn. Danke für dein Verständnis, sagte Ursl in ihr Ohr.

Sie reichte jedem von uns die Hand, wünschte alles Gute, und nach einem abermaligen Kuss auf Frau Blasers Wange verließ sie das Zimmer. Dass mich der Reini tatsächlich alleine lässt, sagte Frau Blaser und stieg langsam aus dem Bett. Na, ist ja schon wieder besser, sagte Frau Ott besänftigend zu ihr. Der Schwindel geht und kommt, erwiderte Frau Blaser und schlurfte mit ihrem Gehwagen zum Fenster. Sie winkte Ursl nach. Wir sind ja auch noch hier, sagte Frau Ott. Und wir sind froh, dass Sie bei uns sind. Ja, sagte Frau Blaser Ursl nachblickend, in einem Haus fühlt man sich sehr schnell einsam, selbst wenn's in der Reihe steht. Ich war auch richtig froh, dass ich die Herzklappe operieren habe müssen und hierher bin, stimmte Frau Ott zu. Denn mit dem Tod von der Mutti, damit hat es angefangen und seitdem eigentlich nie wieder aufgehört. Und das hätte ich nie für möglich gehalten, dass man sich so alleine fühlen kann. Ja, sagte sie, so eine nette Gesellschaft hat man nicht alle Tage. Gut, dass wir uns haben, stimmt's? Stimmt, meinte Frau Blaser in das offene Fenster und seufzte. Stimmt, meinte auch Frau Ferdinand. Es war still. Ja, sagte ich in die Stille, ja, gut, dass wir uns haben. Und gut, dass wir so einen Arzt wie den Winter haben, fügte Frau Ott hinzu. Da geht er ja, rief Frau Blaser aus. Wo?, fragte Frau Ott. Dort, im Park, neben seiner Frau!, und sie zeigte mit ihrem Finger in den Park. Frau Ott kam ebenfalls ans Fenster. So eine Frau wie sie verliert nicht gerne, Frau Ott ihnen nachsehend. Niemand verliert gerne, erwiderte Frau Ferdinand, die liegen geblieben war. Aber es ist ein Unterschied, ob es mir um den Mann geht oder ums Verlieren, sagte Frau Ott. Sie müssen es ja wissen, murmelte Frau Ferdinand. So eng an ihn geschmiegt geht sie, Frau Blaser wieder. Jetzt stand ich auch auf. Das Sprungbrett für den zweiten Frühling also, dachte ich und sah beide nebeneinander langsam den Ausgang ansteuern. Frau Dr. Winter griff nach Dr. Winters Hand. Er bückte sich, um die Schuhbänder zuzubinden.

Hört wirklich keine von Ihnen die Geräusche in der Nacht?, fragte Frau Ott am nächsten Tag beim Frühstück. Vielleicht sollte ich auch wieder das Passedan nehmen, meinte sie. Medikamente, Medikamente, brummte Frau Ferdinand. Und Sie, Frau Ott drehte sich zu mir, Sie scheinen mir ja auch sensibel zu sein. Wie wer?, dachte ich. Übersinnliche Fähigkeiten kommen oft erst im Alter. Nicht auch noch übersinnliche Fähigkeiten! Sie glauben mir nicht, sagte Frau Ott. Sie sind so unbelehrbar. Das war bei der Wette genauso, oder, Frau Blaser? Warum sagen Sie denn gar nichts?

Ich brauche eine Dusche, gab ich von mir, stand auf und verließ das Zimmer. So unbelehrbar! Wer ist schließlich auf die Wette eingestiegen, dachte ich und entkleidete mich. Während des Ausziehens vermied ich es wieder, in den Spiegel zu blicken, der neben dem Kleiderhaken hing. Auf ungeheure Weise fühlte ich, wie sich das Durchschnittsalter des Damenzimmers N° 5 auf mich übertrug. Wenn ich mit Frau Ott, Frau Blaser und Frau Ferdinand etwas mit Sicherheit teile, dann ist es das, dachte ich jetzt im Duschraum. Ich drehte das Wasser auf. Als ich wieder aus dem Bad trat, begegnete ich Frau Ott mit einem der Pfleger auf dem Gang. Na, hat die Dusche gut getan? Ich ging zurück ins Zimmer. Der andere Pfleger zog gerade den Vorhang vor dem Waschbecken zu. Durch einen Spalt konnte man Frau

Blaser sehen. Hier das Glas zum Ausspülen! Ihr altes Babygesicht im Spiegel, ihr schütteres Haar. Unwillkürlich griff ich in meines. Im Spiegel das Glas. Es war voll. Ein Sonnenstrahl fiel auf Frau Blasers Rücken und zerbrach ihn: in eine dunkle und eine helle Hälfte. Morsch das Dunkle, fragil das Helle. Der Pfleger schrubbte gleichförmig. Schrubbte das Dunkle, ohne dass es heller wurde. Schrubbte das Helle, das dunkler wurde. Eine Wolke zog über die Sonne. Der Pfleger rutschte am Rücken aus. Au, sagte Frau Blaser. Entschuldigung, sagte der Pfleger, es ist auf einmal so glatt und finster.

Als Frau Blaser eine Stunde später aufwachte, konnte sie sich nicht orientieren. Der Schweiß stand ihr auf der Stirn. Frau Blaser? Sie sah mich an, als würde sie mich nicht wirklich erkennen. Frau Blaser, ich bin es – und ich blickte hilfesuchend zu Frau Ott und Frau Ferdinand. Sie drückten schon den roten Knopf. Eine Untersuchung wurde sofort eingeleitet. Wir sahen uns blass an. Und ich habe die Frau Blaser nicht ernst genommen, sagte Frau Ott schuldbewusst und schüttelte den Kopf. Damit hat niemand gerechnet, meinte Frau Ferdinand. Ja, der arme Dr. Winter, sagte Frau Ott. Sie hat so fahl ausgesehen, Frau Ferdinand zu sich. Wir versuchten uns zu beschäftigen, aber egal, was wir zu tun vorgaben: Wir warteten.

Nach zwei Stunden meinte Frau Ferdinand: Sie müsste doch schon zurück sein. Ich stand auf. Wollen

Sie vielleicht ein Glas Wasser?, sagte ich zu Frau Ferdinand. Und Sie, Frau Ott? Kann ich Ihnen etwas bringen? Ich brachte Frau Ferdinand das Glas Wasser, ohne dass sie es hatte haben wollen. Ich brachte Frau Ott ebenfalls eines, obwohl schon eines am Nachttisch stand. Schon längst müsste sie zurück sein, sagte Frau Ferdinand wieder. Ja, bestätigte Frau Ott. Ich wechsele Frau Blasers Blumenwasser aus, sagte ich und nahm die Vase mit den Papageienblumen. Ich verstehe das einfach nicht, legte Frau Ferdinand die Stirn in noch tiefere Falten. Hoffentlich ist nichts schiefgegangen. Ich goss das Wasser in das Waschbecken. Es roch faulig. Ja, hoffentlich, sagte Frau Ott. Vielleicht sollten wir einmal nachfragen. Soll ich – fragte ich mit der Vase in der Hand, unfähig, mich zu bewegen. Ich kann schon, sagte Frau Ott. Ich kann auch, sagte ich, ohne mich zu rühren. Wenn Sie in fünf Minuten nicht zurück ist, dann – und Frau Ott ließ den Satz unvollendet. Ich ließ das Wasser in die Vase laufen. Ich schaute zu, wie es den Hals der Vase erreichte. Plötzlich sah ich, wie es in Frau Blasers Hals lief und kurz davor war, überzufließen. Ich drehte das Wasser auf der Stelle ab. Ich gehe jetzt fragen, sagte Frau Ott und stand auf. Ich hielt mich am Waschbeckenrand fest. Frau Ott verließ den Raum. Wir blieben stumm zurück. Ich brachte die Vase zurück an Frau Blasers Bett. Dann setzte ich mich zu Frau Ferdinand. Ihr Gesicht war inzwischen sehr weiß. Ich strich über ihre Hand. Seltsam, erst jetzt habe ich sie berührt, dachte ich. Ich fuhr vorsichtig die gefleckte Hand entlang – und es berührte mich. Ich verstehe das nicht, murmelte Frau Ferdinand wieder und wieder. Ich sah zur Tür. Es erschien mir endlos, bis Frau Ott zurückkam. Sie wissen nichts, sagte sie, und betrübt rückte sie einen zweiten Besucherstuhl heran. Niemand sagte etwas, ab und an drehten wir die Köpfe zur Tür, wenn wir etwas auf dem Gang hörten, um sie wieder sinken zu lassen. Endlich ging die Tür auf. Schau, was ich gestern im Baumarkt gefunden habe!, sagte Reini schwungvoll wie noch nie und stockte, als er das leere Bett sah. Wo ist denn – Er erbleichte. Reini, sagte Frau Ferdinand. Ihm fiel die Leinentasche aus der Hand. Ihr ist nur schwindlig geworden, Frau Ott schnell, sie müsste jeden Augenblick wieder zurück sein. Setzen Sie sich doch zu uns, bat Frau Ferdinand. Reini noch schreckerstarrt. Ich stand auf und rückte einen Stuhl neben meinen. Reini löste sich langsam aus seiner Starre, hob die Tasche auf und setzte sich. Sie kommt sicher gleich zurück, Frau Ott wieder. Wäre ich nur gleich hierhergekommen, sagte Reini. Das hätte nichts geändert, Reini, sagte Frau Ferdinand. Doch, ich hätte sofort hierherkommen sollen, sagte Reini, und neben der Sorge war seinem Gesicht ein schlechtes Gewissen abzulesen. Aber Sie können doch nichts dafür, beschwichtigte Frau Ferdinand. Und Frau Ott sagte: Man hätte Sie verständigen müssen. Ich war nicht zu Hause, sagte Reini mit gepresster Stimme. Es kann sich nur noch um Minuten handeln, bemühte sich Frau Ferdinand um Ruhe. Es war ein Fehler, sagte Reini. Was war ein Fehler, Reini? In dem Moment kam

Dr. Winter herein. Reini sprang auf. Herr Blaser?, sagte Dr. Winter und zögerte eine Millisekunde vor dem Weitersprechen, lange genug, dass klar war, dass er nicht sagen wollte, was er sagen musste, und mit gesenkter Stimme: Bitte kommen Sie mit mir. Reinis Augen weit aufgerissen. Dr. Winter suchte meinen Blick, und mit gesenktem Kopf ging er, die Hand auf Reinis Schulter legend, hinaus.

Keiner von uns sagte etwas. Solange es noch nicht ausgesprochen war, so lange war es noch nicht wahr. Frau Ferdinand nahm meine Hand. Die ganze Zeit über hat sie schon meine gehalten, nicht ich ihre, dachte ich. Warum trifft es nicht mich, Frau Ferdinand mit gebrochener Stimme, das Gesicht tief in Gram gefaltet. Und ich habe es ihr nicht geglaubt, Frau Otts Stimme tränenerstickt. Wir haben es ihr alle nicht geglaubt, sagte ich.

Wir saßen da und starrten auf das leere Bett. Warum trifft es nicht mich, sagte Frau Ferdinand in einem fort. Frau Ott schnäuzte sich in regelmäßigen Abständen. Ich sah zu den Papageienblumen, die im frischen Wasser auf Frau Blasers Nachttisch standen. Wir verstehen den Tod nicht besser, wenn er sich wiederholt.

Mit verschwollenen Augen kam Reini zurück. Ich hätte heute Vormittag nicht ins Reisebüro gehen sollen, stammelte er und brach in ein Schluchzen aus. Frau Ott schluckte. Aber, Reini, das hätte doch keinen Unterschied gemacht, sagte Frau Ferdinand sanft, und Frau Ott legte ihm die faltige Hand auf den Rücken. Reini fuhr mit Mittel- und Zeigefinger zwischen Augen und

Brillengläser und rieb sich die Lider. Schau, Reini, das hat die Mutti noch für Sie aufgehoben, sagte Frau Ferdinand, selbst mit den Tränen kämpfend. Sie hat das Kompott extra auf das Fensterbrett gestellt, damit es nicht abgeräumt wird. Was soll ich denn jetzt alleine machen, schluchzte Reini hilflos. Reini, kommen Sie, sagte Frau Ferdinand und klopfte auf ihr Bett, setzen Sie sich zu uns und essen Sie. Was soll ich nur ohne die Mutti machen? Die Ursl wird sich in Amerika um Sie kümmern, Reini, sagte Frau Ott und griff nach einem Taschentuch. Die Mutti wollte nicht, dass ich wegfahre! An die zwei Monate und ihre Ewigkeit dachte ich und sah Reinis Augen hinter den Brillengläsern voller Schlieren. Reini, ich zu ihm, Ihre Mutti hat mir noch gesagt: Ich finde es schon gut, dass der Reini jetzt fährt. Die Frauen sahen mich an. Reini hob den Kopf. Ich nickte. Der Reini setzt sich nun da hin und hört den Vögeln zu, sagte Frau Ferdinand, und ich führte ihn schon zum Stuhl. Frau Ott nahm seine Tasche, holte den Discman heraus und setzte Reini den Kopfhörer auf. Reini saß da, mit den Kopfhörern, die Vögel sangen ihm vor. Er bewegte sich kein einziges Mal. Die Tränen rannen lautlos über seine Wangen.

In der Nacht sah ich immer wieder Reinis Gesicht vor mir, wie es sich verformt hatte. Ich drehte den Kopf nach rechts zum leeren Bett. Frau Blaser?, flüsterte ich. Durch die Fenster sah man im Park die Bäume sich bewegen. Frau Blaser? Die Tränen fielen auf das Bett. Frau Blaser? Herr Aboubakar? Hören Sie mich? Es blieb still. Ich hatte eindeutig nicht Frau Otts Fähigkeiten. Ich stand auf und ging auf den Gang hinaus. Ich stellte mich an eines der Fenster, öffnete es und sog die Nachtluft ein. Es tut mir leid, hörte ich es hinter mir. Sie fehlt schon jetzt im Chor, sagte ich, ohne den Kopf zu drehen. Ja, jetzt hast du eine deiner Wettpartnerinnen verloren, erwiderte er. Ich fuhr herum und sah ihn erstaunt an. Aber die Wette hast du ja schon gewonnen, sagte er. Keiner von uns hat gewonnen, erwiderte ich. Ja, meinte er müde und machte das Fenster zu. Verkühl dich nicht. Er wird in das Haus fahren, die Tür aufsperren, das Licht andrehen – und dann den Fernseher. Verkühl dich auch nicht, sagte ich.

Es gibt nichts Schöneres als das Erwachen aus einem bösen Traum, hat die Mutti immer gesagt, Frau Ott mit belegter Stimme in der Früh, und es gibt nichts Schlimmeres als das Erwachen in einen bösen Traum. Hätte nur ich statt der Frau Blaser sterben können, murmelte Frau Ferdinand. Ihre Augenringe schienen über Nacht gewachsen zu sein. Hören Sie die Frau Blaser eigentlich auch?, fragte ich Frau Ott. Ja, natürlich, beeilte sich Frau Ott, die Frau Blaser höre ich auch, und davon sogleich ablenkend: Hoffentlich legen sie uns heute nicht gleich jemand Neuen ins Zimmer. So ein Küken zum Beispiel, dachte ich – und auf einmal merkte ich, dass auch ich die ganze Zeit über in einem Sterbebett gelegen hatte. Das ist wirklich seltsam, meinte Frau Ott, wenn dann plötzlich einfach wer das Bett übernimmt, so als wäre da nie jemand gewesen. Und sie fügte hinzu: Als wäre man in einem Hotel. Sie haben sich doch schon wie auf Urlaub gefühlt, erinnerte sie Frau Ferdinand. Ja, sagte Frau Ott, und jetzt macht die Frau Blaser nicht die ganze Reise mit. Ich sah auf das leere Bett. Welche Reise hatte eigentlich ich gebucht, fragte ich mich. Die Kreuzfahrt war es nicht. Dabei ist es der Frau Blaser doch nach der eigentlichen Herzoperation gar nicht so schlecht gegangen, sagte Frau Ott. Aber das war bei der Mutti genauso, und sie seufzte. Sie haben Ihre Mutti wohl sehr gerne gehabt, sagte Frau

Ferdinand zu ihr. Ja, sagte Frau Ott, die Mutti, die hatte ein Herz, das war so groß, und sie machte mit den Händen den Halbkreis. Und obwohl wir gar kein Geld gehabt haben, habe ich überhaupt nichts vermisst. Hauptsache, die Mutti war am Abend da, und ich war glücklich. Und auch wenn sie oft so müde war, dass sie kaum mehr hat stehen können – die in der Damenstrumpffabrik haben die Arbeiterinnen ausgepresst wie eine Zitrone –, ja, auch wenn sie hundemüde gewesen sein muss, hat sie es sich nicht anmerken lassen. Sie hat immer gelächelt, als sie die Tür aufgesperrt hat, mich in ihre Arme geschlossen und gesagt: Mein Mädchen hat mir so gefehlt! Dann hat sie das Essen zubereitet, und während es gekocht hat, hat sie mich gebadet. Ich habe das geliebt, frisch gewaschen beim warmen Essen zu sitzen, die Scheiben sind ganz angelaufen gewesen, vom Kochen und Baden, und während ich gegessen habe, hat sie mir Geschichten erzählt. Sie selbst war zu müde zum Essen, hat nur ab und zu einen Bissen genommen. Beim Erzählen sind ihr die Augen immer wieder zugefallen, aber sie hat tapfer weitererzählt. Und manchmal hat sie mir ein Buch aus der Stadtbücherei mitgebracht, hat extra noch den Umweg gemacht, weil ich soll es einmal besser haben als sie, hat sie immer gesagt, und ich habe nicht verstanden, was sie gemeint hat, weil es besser zu haben, als mit ihr in der Küche mit den angelaufenen Scheiben zu sitzen, das war gar nicht möglich. Ja, sagte Frau Ott und seufzte, was würde ich nicht dafür geben, damit die Mutti noch bei mir sein könnte! Nur sie und ich, wie wäre das schön – Frau Ott hatte all ihre Männer vergessen. Ja, darauf freue ich mich wirklich, wenn ich wieder dort bin, wo die Mutti ist. Und Sie, sagte Frau Ott zu Frau Ferdinand, Sie werden sich wahrscheinlich auf Ihren Erich freuen. Frau Ferdinand schwieg. Ist das schon lange her, mit Ihrem Erich?, fragte Frau Ott. Ja, sagte Frau Ferdinand, er starb schon Mitte der Siebziger – Vor *Leben und Lieben* also, überschlug Frau Ott in ihrer Zeitrechnung. Er war um einiges älter als ich, Frau Ferdinand weiter. Ja, die Gefahren lauern überall bei einem älteren Mann, Prostata und so, und Frau Ott beugte sich zu mir: Das gilt natürlich noch nicht für den Winter. Onkel Gustl erwähne ich jetzt nicht, dachte ich. Erich starb an einem Herzstillstand, sagte Frau Ferdinand. Für ein Kind ist das sicher schrecklich, meinte Frau Ott. Ja, der Georg hat unter Erichs Tod sehr gelitten. Geweint hat er, nächtelang. Das habe ich bei der Mutti auch, sagte Frau Ott. Nein, das war für den Georg keine leichte Zeit. Und so ein aufgewecktes Kind ist er gewesen. Im Heeresgeschichtlichen Museum ist er immer in die Kanone gekrochen. Die kurze Dicke hat sie der Erich genannt. Von oben bis unten schwarz ist der Georg wieder aus der kurzen Dicken herausgekommen. Und sofort ist er zum Erich gerannt. Sogar auf seine Schuhe hat er sich gestellt, so nahe wollte er ihm sein! Ja, sagte Frau Ferdinand, für den Georg war das ein großer Verlust. Das kann ich mir vorstellen, nickte Frau Ott mitfühlend. Er war schon lange nicht mehr zu Besuch, sagte Frau Ferdinand, als wäre es ihr jetzt erst aufgefallen. Vielleicht ist er im Kanonenrohr hängen geblieben, murmelte Frau Ott. Hier jedenfalls nicht, Frau Ferdinand resigniert.

Der Georg wollte immer in seiner Nähe sein, sprach Frau Ferdinand in den unruhigen Schlaf von Frau Ott. Das haben Sie erwähnt, Frau Ferdinand, murmelte ich. Wenn er in die kurze Dicke gekrochen ist, hat er schon nach dem Erich gerufen, der Georg. Und als er wieder hinausgekrochen ist, ist er sofort zu ihm. Schmutzig ist er gewesen, von oben bis unten. Und auf dem Erich seine Schuhe hat er sich sofort gestellt, der Georg. So nahe wollte er ihm sein. Ja, das haben Sie schon erzählt, ich rieb mir die Augen. Und oft sind sie zusammen vor den Briefmarken gesessen, der Erich mit dem Georg auf dem Schoß, beide mit so einem glücklichen Gesicht. Und ich bin im Türrahmen gestanden, und mir ist durch den Kopf geschossen: Wenn ich weg wäre, würden der Erich und der Georg einfach weiter Briefmarken sortieren. Ich horchte auf. Als sie mich dann im Türrahmen bemerkt haben, haben sie mich angesehen – genauso fremd wie ich sie. Bevor sie weitersprach, atmete sie tief ein und aus: Der Georg, sagte sie, der Georg hat wirklich unheimlich unter dem Tod vom Erich gelitten. Ich blickte zu ihrem Bett. Das Laken leuchtete in der Nacht. Und ich glaube, sagte Frau Ferdinand, dass mir der Georg das nie ganz verziehen hat. Was soll er Ihnen nie ganz verziehen haben, Frau Ferdinand? Dass ich beim Begräbnis vom Erich nicht geweint habe. Nur das

Atmen von Frau Ott war zu hören. Ich war dem Georg keine gute Mutter, sagte Frau Ferdinand da und zupfte an der weißen Decke. Das glaube ich nicht, Frau Ferdinand, widersprach ich hilflos. Es war überhaupt ein Fehler, den Georg bekommen zu haben. Sie zog die weiße Decke über ihren Körper, bis er ganz bedeckt war. Ich habe das Kind von einem anderen haben wollen. Dafür hat der Georg bezahlen müssen. Aber Frau Ferdinand, ich war bestürzt. Vielleicht, wenn ich wenigstens ein bisschen geweint hätte, und ihre Stimme hatte etwas von der Dunkelheit angenommen, vielleicht würde er dann heute auch ein bisschen länger bleiben. Und nach einer langen Pause: Ich muss jeden Tag an den Hans denken. Ich habe den Hans verloren und, Frau Ferdinand atmete tief ein, und ich habe den Georg nie – Und ich, dachte ich, liege auf meiner Bettlichtung und lecke nur meine Wunden. Nie stand immer noch im Raum. Verloren habe ich den Hans und den Georg nie gehabt.

Gleich nach der Einäscherung übermorgen fliege ich nach Amerika, Reini stand am Nachmittag niedergeschlagen im Zimmer. Seine Augen waren gerötet. Die Ursl hat schon alles organisiert. Da muss sie aber ganz schön Druck gemacht haben, die Ursl, wenn das alles so schnell geht. Ja, sagte Reini, Druck machen, das hat sie gelernt, die Ursl. Die Beisetzung ist erst später, da kommt die Ursl wieder mit mir nach Europa, sagte Reini, und dann sehen wir uns, und seine Stimme bebte. Das ist gut so, Reini, sagte Frau Ferdinand. Ja, die Mutti wäre stolz auf Sie, Herr Reini, stimmte Frau Ott zu. Das sagt die Ursl auch, kam es leise von Reini. Ihre Ursl, die wird Ihnen alle Vogelparks in Amerika zeigen, meinte Frau Ott aufmunternd. Weißt du, was ich mir gedacht hab, Reini, hörte ich Frau Blaser sagen, dass wir ein Vogelbad im Garten machen könnten. Dann hast du nämlich deinen eigenen Vogelpark. Reini zeigte auf das Vogelhäuschen am Fensterbrett. Wollen Sie es haben?, fragte er mich. Gerne, antwortete ich, und es erschien mir auf einmal schön. Sie sind Ihrer Mutti ein sehr guter Sohn gewesen, Reini, sagte ich, und Frau Ott drückte seine Hand. Reini traten die Tränen in die Augen. Deswegen mach ich mir Sorgen um ihn, weil der so ein gutes Herz hat, der Reini, hörte ich Frau Blaser auf ihren Gehwagen gestützt zu mir sagen. Mit bewegtem Gesicht sah Reini auf das leere Bett. Wie Frau

Blaser immer auf die Bettdecke geklopft hatte und zu Reini gesagt hatte: Na, komm schon! Jetzt standen nur noch die Blumen da. Passen Sie auf sich auf, Reini, sagte Frau Ferdinand zu ihm. Danke für das Vogelhäuschen, sagte ich. Er verabschiedete sich, und mit feuchten Augen verließ er das Damenzimmer N° 5.

Ich betrachtete das Häuschen auf dem Fensterbrett. Es hatte ihm nichts ausgemacht, dass ich noch immer keinen Vogel an seinem Gesang erkannte. Ich dachte daran, wie er mein Gesicht beim Anhören aufmerksam wie ein Buch studiert hatte. Ja, jetzt fährt der Reini tatsächlich nach Amerika, seufzte Frau Ott. Alle sind weg, nur ich bin noch da, rief Frau Ferdinand aufgebracht. Mich haben Sie vergessen, sagte Frau Ott. Und ich bin auch noch da, meldete ich mich. Aber nicht mehr lange, sagte Dr. Winter in der Tür. Der EKG-Befund ist einwandfrei. Er kam ins Zimmer. Zum Greifen nah stand er an meinem Bett. Sie werden jetzt tatsächlich bald nach Hause können, sagte Dr. Winter zu mir. Er strich über das Bettlaken. Zum Greifen nah. Ich sah auf seine Hände. Sah das erste Mal den Ehering.

Das kann ich gar nicht mit ansehen, sagte Frau Ott, nachdem Dr. Winter gegangen war, und sie schüttelte den Kopf. Nicht zueinander zu können ist das Schlimmste, sagte Frau Ferdinand. Nicht zueinander zu können, dafür hat nicht einmal die Sophia einen gescheiten Rat, sagte Frau Ott. Geradezu verärgert legte sie das Buch zur Seite. Die Liebe ist grausam, sagte Frau Ferdinand. Ich musste daran denken, wie Dr. Winter mich gefragt hatte, ob er mich abhören dürfe. Wie ich mich ausgezogen hatte und er seinen Blick gesenkt hatte. Wie er das Stethoskop sachte gegen den Brustkorb gedrückt hatte. In der Liebe tut man immer irgendjemandem etwas an, an den Satz dachte ich. Ohne die Rachsucht der Schwester Beatrice wäre die Wette anders ausgegangen, meinte Frau Ott. Die Frau Dr. Winter rächt sich auch, sagte Frau Ferdinand. Sie hält am Zusammengehören fest.

Die allgemeine Raumbeleuchtung war seit einer Stunde abgedreht. Frau Otts Kassette ratterte leise. Die Rache ist ein starkes Gefühl, sagte Frau Ferdinand in die Dunkelheit. Denn die Liebe mit jemand Drittem teilen, das kann man nicht. Ich starrte in den Park. Nur das Licht der Schwesternzimmer fiel auf die Bäume. Frau Otts Kassette drehte sich um. Ja, sagte Frau Ferdinand, ich wollte auch nicht teilen. Frau Ferdinand?, ich wandte den Kopf. Und ich habe ihm fest vertraut! Alles auf der Welt hätte ich für ihn gegeben, sagte Frau Ferdinand. Es war die Liebe meines Lebens. Und was für ein schöner Mensch er war, sagte sie und seufzte. Augen blau wie der Himmel, groß und breitschultrig, das blonde Haar stets ein wenig zerzaust, als hätte er gerade gegen den Wind gekämpft, und bei der Erinnerung wurde ihre Stimme ganz weich. Dabei war er selber so ein Wirbelwind, bestimmt tausend Ideen gleichzeitig im Kopf! Ein bisschen wie der Dr. Winter, sagte sie. Dr. Winter ein Wirbelwind?, fragte ich erstaunt. Der Mutter war er trotzdem ein Dorn im Auge. Und mein Bruder hat sich auch gleich bereit erklärt, mich zu überwachen, damit ich mich nicht weiter mit den falschen Leuten herumtreibe, wie die Mutter es nannte. Sie und er sind ja in den ersten Reihen beim Jubeln gestanden. Der Vater ist zu Hause geblieben, und ich weiß noch, wie befremdet er die Mutter und den Bruder angesehen hat, als sie ganz fröhlich zurückgekommen sind. Er hat die ganze Entwicklung ja voller Sorge betrachtet. Aber die Treffen habe ich auch vorm Vater geheim gehalten. Er hat natürlich die roten Wangen, mit denen ich immer zurückgekommen bin, bemerkt. Aber gesagt, gesagt hat er nie etwas. Und ich bin wieder zum nächsten Treffen. Das ist keine gute Zeit für eine Zukunft, hat der Hans gesagt. Aber wenn wir zusammenhalten, werden wir uns trotzdem eine schaffen, und er hat mich mit seinen blauen Augen angesehen, zur Zuversicht entschlossen. Und ich habe von einem Treffen aufs nächste an nichts anderes denken können als an die gemeinsame Zukunft, und allein der Gedanke daran hat mich schon glücklich gemacht. Und sein Foto habe ich unter das Kopfkissen geschoben, damit ich ihm nahe war, wenn er nicht da war. Denn wenn ich das Ohr auf das Kissen gedreht habe, dann habe ich hören können, wie er zu mir spricht. So hingefiebert habe ich auf das jeweilige Treffen, dass ich, wenn es ausgefallen ist, weil er irgendwo Arbeit aufgegabelt hat, tatsächlich Fieber bekommen habe. Und an einem Tag, es war ein Frühlingstag wie heute, da sind wir beim Bienenhäuschen gestanden – und er hat mir einen Heiratsantrag gemacht. Wir werden zusammen wohnen, hat er gesagt, und seine Augen haben gefunkelt. Und zum Abschied hat er mir ins Ohr geflüstert: Ich verspreche dir, möge kommen, was wolle, wir gehören zusammen! Zusammengehören, dachte ich, und mein Herz verkrampfte sich. Aber, sagte Frau Ferdinand und atmete ein und aus, wir haben nicht geheiratet. Er hat – sein Wort nicht gehalten?, fragte ich. Ja, sagte Frau Ferdinand mit harter Stimme, er hat sein Wort gebrochen. Er wollte nicht mehr heiraten? Nein, sagte Frau Ferdinand, er hatte eine andere. Eine andere?, fragte ich, plötzlich mit Herzklopfen. Ja, sagte Frau Ferdinand, die schöne Hanna. Dabei hat sie gewusst, dass der Hans verlobt war. Der Hans hätte es auch wissen müssen, dachte ich. Aber was denke ich da?, und ich hörte Dr. Winter sagen: Wir müssen vorsichtiger sein – und mich sah ich den Schlüssel umdrehen. Frau Dr. Winter stand am Fenster. Für mich ist eine Welt untergegangen. So schlecht ist es mir gegangen, dass ich zu Hause alles ausgespuckt habe: die geheimen Treffen, den Heiratsplan, wie er mich hat hängen lassen. Die Mutter hat nur gesagt: Das kommt davon. Und der Bruder hat gesagt: Dem musst du es zeigen! Hör nicht auf deinen Bruder, hat der Vater, der die letzte Zeit immer stiller geworden ist, mit seinem Gespür fürs Unheil gesagt. Aber ich, sagte Frau Ferdinand, ich war so verblendet, vor Ohnmacht und Eifersucht, dass, Frau Ferdinand schluckte, dass ich nur gedacht habe, der Vater fällt mir jetzt auch noch in den Rücken. Wie besessen habe ich nur den einen Gedanken zugelassen: Er hat meine Zukunft verraten, jetzt verrate ich seine! Der Bruder hat sich unterdessen noch mehr aufgeplustert: Büßen wird er müssen! Einen Denkzettel werden wir dem verpassen!, hat er wie der Hüter der Moral gesagt. Der Vater ist blass geworden, ich habe wie betäubt genickt, und die Mutter hat gemeint: Wer alle süßen Trauben nur für sich haben will, der muss auch einmal etwas Saures schmecken. Und schon ist er losgelaufen, der Bruder. Ich weiß nicht, was er ihnen erzählt hat, aber als er nach Hause gekommen ist, ihre Stimme wurde brüchig, hat er zufrieden gesagt: Der Rest erledigt sich von selbst. Schon am nächsten Morgen, Frau Ferdinand schluckte, es war ein strahlender Tag, haben sie, Frau Ferdinand musste sich überwinden weiterzusprechen, haben sie gegen seine Tür gehämmert. Ich sah betroffen in ihre Richtung. Nur schemenhaft konnte ich sie erkennen. Einen Moment war es still, bis Frau Ferdinand leise sagte: Der Hans hat nicht leben dürfen. Ich darf nicht sterben. Das ist vielleicht die gerechte Strafe.

Es war still. Ich mache ein wenig ein Fenster auf, sagte ich leise und tappte in der Notbeleuchtung an die Fensterfront. Ich öffnete eines und sah in den finsteren Park. Eine Nachtschwester lief den von Laternen beleuchteten Weg entlang. Ihre weiße Kleidung von der Dunkelheit immer wieder verschluckt. Die Dunkelheit verschluckt alles, dachte ich. Ich drehte den Kopf zu Frau Ferdinand. Ihr Ohr auf das Kissen gedrückt. Hans darunter verschluckt. Am helllichten Tag.

Gut, dass wir uns haben

Die Echokardiographie zeigt keinerlei Anzeichen eines Perikardergusses mehr, sagte Dr. Winter anstelle einer Begrüßung bei der Morgenvisite. Und ohnmächtig vom Gerüst fallen wird unser Küken jetzt auch nicht mehr, oder, Herr Doktor? Er beruhigte die Frauen: Keine Sorge. Und zu mir: Morgen dürfen Sie endlich nach Hause. Er vermied dabei hartnäckig jeden Blickkontakt. Als er nach dem Handgelenk griff, um den Puls zu fühlen, lag ein Zögern vor der Berührung in der Berührung. Es ist jetzt alles in Ordnung, sagte er. Trotzdem bekommen Sie noch von dem Concor für einen Monat mit, danach konsultieren Sie bitte Ihren Kardiologen. Sie wissen ja, eine Hälfte zu Mittag und die andere am Abend. Wenig später brachte die Schwester mit der Linoleum-Stimme das Medikament. Und ich brach das kleine gelbe Herz auseinander. Schon wieder ein Herz gebrochen, sagte Frau Ott bedeutungsvoll.

Welches Herz gebrochen?, kam es von der Tür. Ich drehte meinen Kopf. Tante Gertrud? Wo bleibst du denn, rief Tante Gertrud in den Gang, und sie betrat das Zimmer. In der Tür hinter ihr erschien zögerlich Onkel Gustl. Jetzt komm schon, herrschte Tante Gertrud ihn an. Onkel Gustl ging, ohne nach links und rechts zu blicken, an mein Bett. Bist du wieder gesund?, fragte Tante Gertrud. Ja, sagte ich. Gottlob, rief sie. Und sie sah Onkel Gustl an. Ja, gottlob, wiederholte er wie auf

Knopfdruck. Ich wollte ja schon längst vorbeikommen, entschuldigte sich die Tante. Aber dem Gustl ist es die ganze Zeit so schlecht gegangen. So schlecht gegangen? Onkel Gustl warf mir rasch einen Blick zu. Na, sagte die Tante zufrieden, zumindest ich bin kerngesund. Das habe ich auch immer gedacht, mischte sich bereits Frau Ott ein, und jetzt liege ich hier. Onkel Gustl erblasste. Tante Gertrud ignorierte sie. Die Prostataoperation bleibt uns wenigstens erspart, erzählte die Tante. Frau Ott fixierte Onkel Gustl mit ihrem Blick, der sagte: Bella Italia! Er verschanzte sich hinter der Tante. Onkel Gustl versteckt in der hintersten Katakombe, dachte ich. Höchste Zeit, dass du entlassen wirst. Wir holen dich morgen ab. Ihr holt mich ab? Natürlich, was glaubst denn du. Oder, Gustl? Natürlich, Onkel Gustl wie ein erloschenes Feuer. Das ist nicht nötig, sprach ich schnell. Nötig, nötig, die Tante winkte ab, wir tun es gerne, sagte sie, sonst sind ja alle weg, wie immer. Habe ich nicht Recht? Ja, murmelte Onkel Gustl. Aber ich weiß die genaue Zeit nicht. Das macht nichts, ich habe morgen nichts Wichtiges vor, und der Gustl sowieso nie. Es kann Stunden dauern, meinte ich. Ich glaube, das wird mir zu stark, versuchte Onkel Gustl den erneuten gemeinsamen Besuch abzuwenden. I wo, die Tante winkte wieder ab. Das schaffen wir schon! Und gar keinen Arzttermin?, probierte ich es. Am späteren Nachmittag muss er zum Ohrenarzt, er hört nämlich wirklich schlecht. Seit wann denn das?, fragte Frau Ott. Onkel Gustl warf Frau Ott einen flehentlichen Blick zu. Wo ist denn eigentlich die

Frau mit dem Hörgerät?, wunderte sich da die Tante. Sie ist leider gestorben. Am Muttertag waren wir noch alle beisammen, sagte Frau Ott. Onkel Gustl bedeckte seine Augen. Tante Gertrud sah von Frau Ott zu Onkel Gustl und wieder zurück. Ich werde frühestens um drei entlassen, sagte ich schnell. Mmh, machte die Tante und sah brütend vor sich hin. Vielleicht sollten wir den Ohrenarzt verschieben, sagte sie. Ich schaffe das alleine, beteuerte ich mit Nachdruck. Und die Zuckerwerte? Jetzt wieder niedriger?, schaltete sich Frau Ott wieder ein. Was sagt sie?, Onkel Gustl hielt seine Hand ans Ohr. Tante Gertruds Augen verengten sich zu kleinen Schlitzen. Geht ihr zum Ohrenarzt, sagte ich. Gut, sagte die Tante überlaut zu Onkel Gustl, dann begleite ich dich eben zum Arzt. Wir rufen dich aber an, versicherte sie mir. Das ist eine gute Idee, und ich atmete auf. Als sie hinausgingen, riskierte Onkel Gustl noch einmal einen Blick. Frau Ott erwiderte ihn, als wäre sie die Sophia.

Wir verbrachten den letzten Abend zu dritt vor dem Fernseher. Wir sahen uns die Quizsendung an. Stumm starrten wir auf den Bildschirm. So als gäbe es noch eine Hoffnung, dass Frau Blaser plötzlich dort als Kandidatin auftauchte. Die Papageienblumen, ihre Hälse wie unsere gereckt in das Flackern des blauen Lichts. Morgen diese Welt zurücklassen, dachte ich. Morgen Dr. Winter zurücklassen. Ich überlegte, wann er begonnen hatte, mich zurückzulassen. Und ich fragte mich: Wollte ich eine Hanna sein? Die Papageienblumen nickten.

Freuen Sie sich schon auf Ihre Entlassung?, lächelte Schwester Beatrices Schmollmund, heute ist doch der lang herbeigesehnte Tag. Dr. Winter sah weg. Ja, Herr Doktor, sagte Frau Ott, jetzt müssen Sie mit uns vorliebnehmen. Sie werden sicher auch bald gesund werden, nicht wahr, Herr Doktor?, rief Schwester Beatrice fröhlich. Und neue Patientinnen werden aufgenommen werden. Aber nicht so einmalige, Frau Ott sogleich. Dr. Winter kam an mein Bett. Er nahm das Stethoskop. Ohne aufzublicken, sagte er: Wenn Sie sich bitte – freimachen. War das alles? Nicht einmal mehr ein blauer Fleck? Er sah mich an. Aus seinen Augen fiel der Schnee.

Nachdem er gegangen war, stand ich auf, um mich umzukleiden. So ein Bild von einem Mann werden Sie so schnell nicht wiederfinden, meinte Frau Ott. Eine Waschmaschine wird noch ein Zweiter haben, dachte ich. Wollen Sie sich nicht wenigstens von ihm verabschieden? Ich schüttelte den Kopf. Sie sind ganz schön dickköpfig für ein Küken. Vielleicht bin ich ja gar keines, murmelte ich und suchte meine Sachen. Das Nachthemd auszuziehen und es gegen Kleidung einzutauschen erschien mir wie eine widernatürliche Handlung. Aber nicht, dass es Ihnen dann leidtut, sagte Frau Ott. Keine Sorge, murmelte ich, die Sachen noch immer in der

Hand. Ja, sagte Frau Ferdinand, sich zu verabschieden ist wichtig. Ich zog mich um. Wie man sich bettet, so liegt man, hat die Mutti immer gesagt. Jaja, und: Reden ist Silber und Schweigen Gold, dachte ich und holte die Reisetasche. Die Mutti hätte sich gewünscht, dass Sie etwas fürs Leben gelernt haben. Darauf können Sie wetten! Ich nahm das Heft, das auf dem Nachttisch lag. Dass jemand so wichtig neben mir in ein Heft schreibt, Frau Ott nahm ein Blatt Papier und blickte angestrengt darauf, das wird mir richtig abgehen, und sie lachte. Schön, dass ich für Heiterkeit gesorgt habe, sagte ich. Ja, erwiderte Frau Ott, Sie waren eine Bereicherung! Danke, erwiderte ich, legte das Heft obenauf und zog den Reißverschluss zu. Letztlich werden Sie auch froh sein, wenn Sie entlassen werden, sagte ich. Eigentlich bin ich ganz gerne hier, entgegnete Frau Ott. Über die Gläser ihrer Lesebrille hinweg sah sie mich an: Wissen Sie überhaupt, wie lang so ein Tag sein kann, und zum ersten Mal hatte ihr Lachen etwas Bitteres. Ja, sagte sie, was soll ich alleine zu Hause. Ich sitze nur in meiner Einzimmerwohnung. Da bleibe ich lieber hier. Genug zum Lesen habe ich ja noch, und sie hob das Buch hoch. Und vielleicht kommt ja doch Ihr Onkel Gustl ins Herrenzimmer nebenan, und bei diesem Gedanken erhellte sich Frau Otts Gesicht. Frau Ott, sagte ich und unterbrach ihr Abschweifen in diese Zukunft, ich bezweifle, dass Sie meine Tante Gertrud öfter sehen wollen. Und wennschon, Frau Ott gelassen, alles besser, als den ganzen Tag alleine. Und im Notfall, meinte sie, wird es dann halt ein anderer aus dem Herrenzimmer. Ich kontrollierte die Schublade des Nachttischs. Vergessen Sie nicht Reinis Vogelhäuschen!, rief mir Frau Ferdinand zu. Ich nahm es vom Fensterbrett. Wollen Sie es sich noch einmal überlegen mit Ihrem Dr. Winter?, fragte Frau Ott. Er ist nicht mehr mein Dr. Winter, sagte ich. Aber unserer, stellte sie klar. Himmeln Sie ihn doch nicht so an!, rief ich. Das haben Sie doch auch gemacht, sagte Frau Ott. Ich? Sie nickte. Ich doch nicht, sagte ich. Von einem Ikonenspezialisten zu einer Ikonenspezialistin!, sagte Frau Ott und lachte ausgelassen. Sie haben schnell gelernt, sagte ich schnippisch. Seien Sie nicht so empfindlich, meinte Frau Ott, das ist nicht gut fürs Herz! Nicht dass Sie am Ende bald wieder bei – sie betonte – unserem Dr. Winter landen! Ich bückte mich nach der Tasche. Vielleicht könnten Sie Blumen für uns ans Grab vom Abou bringen, bat Frau Ferdinand von gegenüber. Sie wissen ja, der Abou liegt am Zentralfriedhof. Und zur Beisetzung von der Frau Blaser sehen wir uns ja dann wahrscheinlich am selben Ort, sagte Frau Ott, und grübelnd: Herren- und Damenzimmer braucht man dort keine mehr. Wäre praktisch, wenn ich auch gleich eingegraben würde, murmelte Frau Ferdinand. Ich fasste die Griffe der Tasche. Ich komme Sie besuchen, versprach ich, hier im Spital, fügte ich rasch hinzu. Da, nehmen Sie die letzten Pistazien vom Abou, und Frau Ott reichte sie mir. Frau Ferdinand sah mich aus ihren dunklen Sonnen an. Frau Ott blickte auf die Uhr: Hoffentlich kommt der Reini heil an, seufzte sie.

Der müsste bald über unseren Köpfen sein! Und mit dem Blick auf die zwei leeren Betten: Jetzt sind tatsächlich nur noch wir da. Sie schlug *Leben und Lieben* auf und meinte: Aber ich habe es ja nicht eilig. Hier bin nämlich ich die Sophia.

Ich ging zur Tür, die Tasche in der einen, Reinis Vogelhäuschen in der anderen Hand. Ich drehte mich noch einmal um. Ich sah in die beiden Gesichter. Gut, dass wir uns haben. Jetzt machen Sie nicht so eine traurige Miene!, sagte Frau Ott, und sie rief mir nach: Auf Sie wartet der Sommer, auf uns eben der Winter!

Ich ging den Gang entlang. Der Geruch, der plötzlich nur noch steril war. Ich kam ans Ende und blieb bei Dr. Winters Tür einen Augenblick stehen, dann setzte ich schnell meinen Weg Richtung Lift fort. Ich musste warten. Die Aufzugtür ging auf: er inmitten der Ärzteschaft. Auf Wiedersehen, sagte er leise, als er an mir vorbeiging. Auf Wiedersehen, murmelte ich. Er ging ein paar Schritte, dann wandte er sich noch einmal um. Die Tür schloss sich hinter mir. Ich atmete tief ein. Kein Schneewittchen mehr. Im Parterre verließ ich eilig den Lift. Ein Herr mit melancholischem Gesicht fragte mich: Pavillon VIII? Sprachlos sah ich ihn an. Pavillon VIII?, wiederholte er mit unverkennbar russischem Akzent. Ich starrte ihn unverwandt an und nickte langsam. Er stieg in den Lift. Ich trat aus dem Pavillon und malte mir Frau Otts und Frau Ferdinands Gesichter aus, während sich der russische Minister vorstellte. Eine Frau mit einer Augenbinde verließ den gegenüberliegenden

Pavillon. Ich hielt einen Moment inne. Die Sonne schien mir ins Gesicht, und die Vögel sangen laut. Bestimmt war der Zilpzalp dabei, oder war es das Rotkehlchen? Am Himmel war keine einzige Wolke zu sehen, die Blätter der Zweige bewegten sich kaum. In der Ferne hörte ich jemanden Rasen mähen. Der Sommer schien schon sehr nah. Ein Riesenvogel flog über den blauen Himmel. Ich legte den Kopf in den Nacken, um dem Flugzeug nachzusehen. Stand da nicht jemand sieben Fenster vom Damenzimmer N° 5? Frau Otts Gucker müsste ich jetzt haben.

Langsam durchquerte ich den Park. Ich kam an der Abteilung für Atmungs- und Lungenerkrankungen vorbei, an der neurologischen Abteilung und an der geriatrischen. Ich drehte mich noch einmal um: Pavillon VIII und im Hintergrund verdeckt von Bäumen die Urologie. Mit großen Schritten ging ich weiter. Ich meldete mich bei der Aufnahme ab, passierte das Pförtnerhäuschen und wartete auf die Straßenbahn. Sie war voll, und Gesprächsfetzen bedrängten mein Ohr. Ich dachte: Ich bin aus dieser Welt gefallen, und ich sehnte mich in meine zurück. Ich stieg aus der Straßenbahn und ging die Treppe des Otto-Wagner-Pavillons hinunter. In der Untergrundbahn ließ mich im Fenster mein altes Spiegelbild nicht aus den Augen.

Ich sperrte die Wohnungstür auf. Keine Krankenbetten weit und breit. Hollywoodschaukel auch keine da. Ich stellte die Reisetasche ab, so wie man eine Reisetasche in einem Hotelzimmer abstellt: mitten in den

Raum, mit dem man sich erst vertraut machen muss. Ich ging an das Fenster. In den bunten Töpfen auf dem Fensterbrett war die Erde hart und zerrissen. Zurück im Zimmer drückte ich die Taste des Anrufbeantworters. Familienangehörige sprachen durcheinander. Danach eine Reihe an Gute-Besserungs-Wünschen. Die vorletzte Nachricht auf dem Band Onkel Gustls Stimme: Willkommen zurück – Sag ihr, dass wir sie am Wochenende besuchen kommen, Tante Gertrud im Hintergrund –, wir kommen dich am Wochenende besuchen, und er fügte hinzu: Ich hoffe, mein Blutdruck erlaubt's. Darauf ein Piepston. Der Anrufbeantworter zeigte an, dass noch eine Nachricht fehlte. Endlich mit eigenen Augen gesehen: die Ikone Salus Populi Romani!, hörte ich ihn. Ich muss dich – Das Ende des Bandes war erreicht. Von einem Ikonenspezialisten zu einer Ikonenspezialistin, hatte Frau Ott zu mir gesagt. Ich drückte die Löschtaste. Das Karussell konnte sich weiterdrehen. Wie hatte ich zu Frau Ott gesagt? Bei Ihnen dreht sich alles konstant nur um Männer. Schön, dass wir zu uns selbst unehrlicher sein können, dachte ich und ging zum Eingang. Ich nahm den Postkastenschlüssel vom blaugrün lackierten Brett neben der Tür. Zwischen Rechnungen und Werbung fielen mir Ansichtskarten entgegen – und ein Brief ohne Absender. Mein Herzschlag beschleunigte sich. Dr. Winter? Ich ging in die Wohnung und betrachtete das verschlossene Kuvert. Ich drehte und wendete es. Ich roch daran. Ich ärgerte mich, aber meine Hände zitterten leicht, als ich es mit dem Schlüssel öffnete. Nur zwei Sätze in der Mitte des Papiers: Das Vogelhäuschen ist für einen Paradisvogel. ps: Es kommt noch ein schöneres. Das Paradies hatte das e irgendwo verloren.

Lange lag ich wach. Ich habe das alleine Einschlafen verlernt, dachte ich mit offenen Augen im Dunkeln. Einen Brief von Dr. Winter habe ich mir erhofft, und beschämt drehte ich den Kopf zu Reinis Vogelhäuschen neben dem Bett. Aboubakars Pistazien auf meinem Heft. Das Stethoskop auf die Zeilen gedrückt: Alle liebten Dr. Winter, hörte ich. Ich zog mir die Decke über den Kopf. Wie jetzt auch das Damenzimmer N° 5 im Finstern lag, wie nur das Notlicht leuchtete, wie die Kassette sich umdrehte. In Frau Otts Träumen gerade der russische Minister. Frau Ferdinand immer noch wartend. Mein Bett frisch überzogen. In Frau Blasers schon ein neues Fliegengewicht.

Das Motto auf Seite 5 stammt von T. S. Eliot: »The Love Song of J. Alfred Prufrock«, zitiert nach: *Prufrock and Other Observations*. London: Faber and Faber, 2001, S. 5. Aus dem Englischen von Norbert Hummelt. © der deutschen Übersetzung Suhrkamp Verlag Berlin.

Die Zitate auf Seite 63 und 87 f. stammen aus Sophia Loren: *Das Geheimnis meiner Schönheit*. Deutsch von Hedda Pänke. Frankfurt am Main, Berlin, Wien: Ullstein, 1985.

Großer Dank an:
Elisabeth Mayer
Juli Zeh

Hier ist die Literatur!
Junge deutschsprachige Autoren bei Schöffling & Co.

Mirko Bonné
Ausflug mit dem Zerberus
Der eiskalte Himmel
Die Republik der Silberfische
Ein langsamer Sturz
Wie wir verschwinden

Gunther Geltinger
Mensch Engel

Franziska Gerstenberg
Solche Geschenke
Wie viel Vögel

Patrick Hofmann
Die letzte Sau

Mareike Krügel
Bleib wo du bist
Die Tochter meines Vaters

Nadja Küchenmeister
Alle Lichter

Svenja Leiber
Büchsenlicht
Schipino

Markus Orths
Catalina
Corpus
Das Zimmermädchen
Fluchtversuche
Hirngespinste
Lehrerzimmer
Wer geht wo hinterm Sarg?

Hier ist die Literatur!
Junge deutschsprachige Autoren bei Schöffling & Co.

Inka Parei
Die Schattenboxerin
Was Dunkelheit war

Sascha Reh
Falscher Frühling

Ulrike Almut Sandig
Flamingos

Jana Scheerer
Mein innerer Elvis
Mein Vater, sein Schwein und ich

Silke Scheuermann
Die Stunde zwischen Hund und Wolf
Reiche Mädchen
Über Nacht ist es Winter

Juli Zeh
Adler und Engel
Alles auf dem Rasen
Corpus Delicti
Das Land der Menschen
Die Stille ist ein Geräusch
Ein Hund läuft durch die Republik
Kleines Konversationslexikon für Haushunde
Schilf
Spieltrieb